FALKEN

FALKEN

Ursula Lietz

Die schönsten Kasperlestücke

Für Kinder ab 3 Jahren

Inhalt

Vorbemerkung

Die Kasperlestücke dieses Buches sind vorwiegend für Kinder im Vor- und Grundschulalter bestimmt (3–8 Jahre). Das schließt natürlich nicht aus, dass auch ältere Kinder noch Gefallen daran finden – besonders wenn sie selber Kasperletheater spielen möchten.

Die einzelnen Geschichten eignen sich sowohl für den Kindergarten als auch für die Schule und die Familie, da sie ohne großen Aufwand und ohne großartige Vorbereitungen aufgeführt werden können. In den jeweiligen Spielhinweisen werden zwar Vorschläge zur Gestaltung des Hintergrundes, des Vordergrundes und der Requisiten gemacht, aber letzten Endes bleibt es jedem selbst überlassen, inwieweit er davon Gebrauch macht. Grundsätzlich gilt hier die Regel: Je kleiner die Kinder sind, desto weniger Hintergrund wird gebraucht. Jüngere Kinder müssen sich noch mehr auf die Personen und die Handlung konzentrieren und werden durch alles Übrige nur davon abgelenkt. Alle Kinder haben in der Regel genug Vorstellungsvermögen, um sich Räumlichkeiten vorzustellen und Requisiten hinzuzudenken. Eine Ausschmückung der Aufführung kann also ruhig bei einer schnellen Improvisation ganz wegfallen.

Das Gleiche gilt für das Puppentheater. Für die Kinder erfüllt zum Beispiel ein umgestülpter Tisch, eine Sofalehne oder eine Mauer den gleichen Zweck wie das schönste Kaspertheater. Ihre Fantasie vermag das alles zu ersetzen: Das schönste Schloss, der dunkelste Wald entstehen so nur durch das Wort vor den Augen der kleinen Zuschauer.

In den Kasperlespielen dieses Buches kommen überwiegend Puppen vor, die man üblicherweise zum Kasperspielen anschafft und die allgemein im Handel erhältlich sind. Sollte man statt der angegebenen Tiere, die mitspielen, andere besitzen, lassen diese sich in den meisten Fällen ohne Schwierigkeiten einsetzen. Außergewöhnliche Figuren kann man durch das Verändern einer anderen Puppe leicht „herstellen".

Für alle diejenigen, die viel Zeit und Spaß am Werken haben, werden im Folgenden noch verschiedene

Methoden vorgestellt, wie man Puppen selber herstellen kann. Das ist gar nicht so schwer, und wer einmal den Anfang gemacht hat, wird bald deren besonderen Reiz erkennen und nur noch selbst gebastelte Puppen verwenden.

Die Requisiten, die man zu den einzelnen Aufführungen benötigt, sind wahrscheinlich in den meisten Haushalten vorhanden oder können schnell mit einfachen Mitteln angefertigt werden. Die Beschreibung dazu ist jeweils aus dem zum Stück gehörenden Spielhinweis zu entnehmen.

Wer jetzt schon Lust zum Spielen bekommen hat, kann sofort mit den Vorbereitungen beginnen. Ich glaube, es gibt wohl kein Kind, das sich nicht über solch ein Puppenspiel freuen würde. Aber der Spaß ist ganz sicher nicht nur auf der Seite der Zuschauer, sondern auch auf der Seite der Spieler. Sie werden es sicher bald selber merken. Vielleicht entdecken Sie sogar Ihr bis jetzt verborgenes Puppenspielertalent, und es macht Ihnen Spaß, selber Stücke zu erfinden. Ein Versuch lohnt sich bestimmt. – Für den Anfang können Sie ja aus diesem Buch einige Stücke verwenden. Sie sind nach Schwierigkeitsgrad geordnet – zunächst wenige Puppen sowie wenig Hintergrundwechsel, schließlich bis zu 8 Puppen und mehrere Hintergründe –, sodass Sie sich erst einmal an die Spielorganisation hinter der Bühne gewöhnen können. An Spielinhalten wird sicher für jede Gelegenheit (Kindergeburtstag, Einschulung, Straßenverkehr) etwas dabei sein. Und nun wünsche ich Ihnen viel Freude bei den Vorbereitungen, beim Spielen und beim Zuschauen.

Ursula Lietz

Praktische Hinweise

 ## Die Herstellung eines Kaspertheaters

Natürlich kann man in jedem Spielwarengeschäft Puppentheater nebst Zubehör kaufen – aber zum einen ist dies teuer, und zum anderen weiß derjenige, der selbst schon einmal gespielt hat, dass die Theater oft zu klein und nicht stabil genug sind. Wenn dann im Spieleifer die ganze Bühne umkippt, ist dies ein äußerst unliebsamer Heiterkeitserfolg, den man lieber vermeiden sollte.

Versuchen Sie sich doch einmal selbst als Baumeister. Es ist gar nicht so schwer. Die folgenden Erklärungen und Zeichnungen sollen Ihnen etwas dabei helfen. Die Holzteile oder die Leisten, die Sie für das Puppentheater brauchen, können Sie sich in diversen Baumärkten oder beim Schreiner zuschneiden lassen, wenn Sie die genauen Maße angeben. Diese richten sich danach, wo das Theater aufgestellt werden soll und wer dahinter spielen möchte. Es sollten aber auf jeden Fall mindestens 2 Personen hinter der Bühne Platz haben. Die in den Zeichnungen angegebenen Maßzahlen sind nur ungefähre Richtwerte, die nach Belieben geändert werden können.

Vorderteil

Für das Vorderteil des Theaters
benötigen Sie:

- 2 Leisten – 2 m lang, 5 cm breit,
  1,5 cm dick
- 2 Leisten – 90 cm lang,
  5 cm breit, 1,5 cm dick
- 1 Leiste – 90 cm lang,
  10 cm breit, 1,5 cm dick
- 6 Holzschrauben
- 6 Gardinenhaken (Haken,
  mit denen die Stangen von
  Scheibengardinen befestigt
  werden)

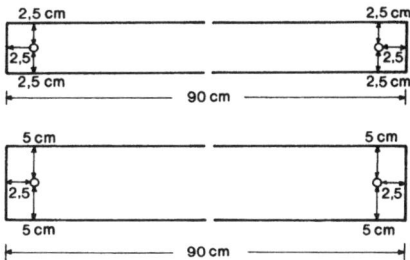

Die beiden langen Leisten werden
parallel zueinander auf den Boden
gelegt. Dann bohren Sie die Löcher
für die Holzschrauben vor, und zwar
in der Höhe von 2,5 cm, 137,5 cm
und 195 cm. Ebenso müssen Sie nun
mit der zweiten Leiste verfahren.

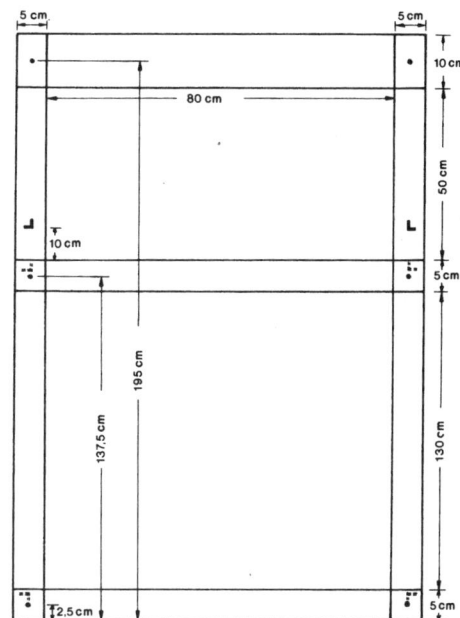

Gardinenhaken auf der Vorderseite

Gardinenhaken auf der Rückseite

7

Die 90 cm langen Leisten werden jeweils an beiden Enden vorgebohrt (der Abstand zum Ende: 2,5 cm). Die 10 cm breite Leiste wird in der Mitte (5 cm) auch mit einem Abstand von 2,5 cm zum Ende vorgebohrt.

Jetzt legen Sie die kurzen Leisten im rechten Winkel zu den langen Leisten dazwischen, sodass die vorgebohrten Löcher genau übereinander liegen.

Die 10 cm breite Leiste muss oben liegen, d. h. dort, wo die Löcher der langen Leiste 5 cm weit vom Ende entfernt sind. Nun werden die Holzschrauben fest eingedreht. Bevor wir zum nächsten Schritt übergehen, werden noch 2 kleine Gardinenhaken von vorne in die langen Seitenleisten geschraubt (Abstand von oben 50 cm), an denen später seitwärts der Vorhang befestigt wird.

Außerdem müssen auf der Rückseite noch 4 Gardinenhaken für die Stangen der Stoffbespannung angebracht werden. Sie haben ihren Platz am unteren Ende der mittleren Querleiste, 1 cm vom Rand entfernt. Die Haken der mittleren Leiste müssen nach oben, während die der unteren Leiste nach unten zeigen.

Seitenteile

Sie benötigen:

- *4 Leisten – 2 m lang, 5 cm breit, 1,5 cm dick*
- *4 Leisten – 44 cm lang, 5 cm breit, 1,5 cm dick*
- *8 Holzschrauben*
- *8 Gardinenhaken*
- *6 Scharniere mit den dazugehörigen Nägeln*
- *2 Nägel für die Befestigung der Hintergrundbilder*

Wieder werden 2 lange Leisten auf den Boden gelegt und jeweils an beiden Enden (Abstand zu den Seiten 2,5 cm) vorgebohrt. Zwei kurze Leisten werden ebenfalls an ihren Enden (2,5 cm) vorgebohrt.

Dann müssen die kurzen Leisten wieder oben und unten quer unter die langen Leisten gelegt werden, sodass die Löcher deckungsgleich sind und die Schrauben festgedreht werden können.

Das 2. Seitenteil wird genau wie das 1. gearbeitet. Jetzt schrauben Sie noch auf der Rückseite – oben und unten – 2 Gardinenhaken fest, die

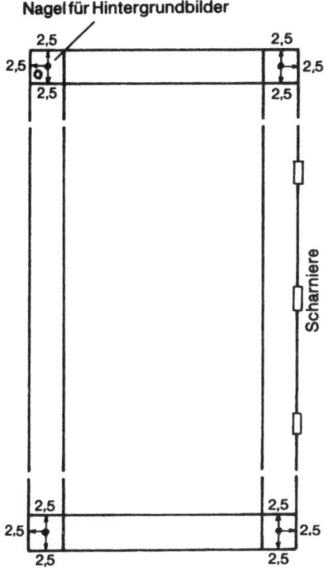

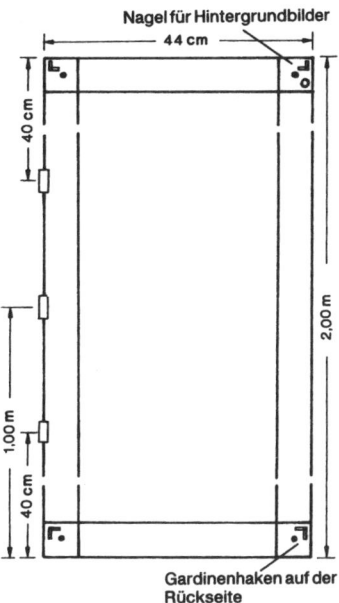

später die Stangen für die Stoffbespannung halten sollen. Die Haken
werden etwa 1 cm vom Rand entfernt befestigt und müssen am oberen Ende nach oben, am unteren
Ende nach unten zeigen.

An den Innenseiten der 2 m langen
Leisten (die Seiten, die mit dem
Vorderteil verbunden werden sollen)

befestigen Sie jeweils 3 Scharniere.
Das erste in 40 cm Höhe, das zweite
in 100 cm Höhe, das dritte in 160 cm
Höhe. Sie werden danach an den
Innenkanten der Leisten befestigt.

In gleicher Höhe werden jeweils
die anderen Hälften der Scharniere
am Vorderteil (Innenkante der
2-m-Leisten) befestigt.

9

Stoffbespannung

Für die Stoffbespannung verwenden Sie am besten einen strapazierfähigen Stoff, der nicht durchsichtig ist, z. B. dicke Baumwolle oder Dekorationsstoff. Das Muster sollte nicht zu unruhig sein, da dies vom Geschehen auf der Bühne ablenken würde.

Vorderteil
Sie benötigen:

- *2 Gardinenstangen für Spanngardinen, 88 cm lang*
- *Stoff – 1 m x 1,50 m*

Das fertige Teil muss folgende Abmessungen haben:
88 cm x 138 cm
Achten Sie beim Zuschneiden darauf, dass an den langen Seiten für die Naht etwa 2 cm zugegeben werden, an den kurzen Seiten müssen sogar 5 cm zugegeben werden, da dort je 1 Schlauch entsteht, durch den die Gardinenstange geschoben wird. Die Zuschneidemaße sind also: 92 cm x 148 cm.
Zuerst versäubern Sie die langen Seiten und nähen sie um. An den kurzen Seiten werden je 2 cm umgenäht. Dann schlagen Sie

nochmals 3 cm ein und steppen sie am unteren Rand fest. In den entstandenen Schlauch wird die Gardinenstange eingeschoben.

2 Seitenteile
Sie benötigen:

- *4 Gardinenstangen, 42 cm lang*
- *Stoff – 0,60 m x 4,20 m oder 1,10 m x 2,10 m*

Jedes fertige Teil muss folgende Abmessungen haben:
42 cm x 198 cm
An den langen Seiten werden 2 cm Naht zugegeben und an den kurzen Seiten 5 cm. Die Zuschneidemaße sind also: 46 cm x 208 cm.
Das Nähen erfolgt wie beim Vorderteil. – Beim Zuschneiden wird der Stoff Seite auf Seite zusammengelegt, damit zwei gleiche Teile entstehen.
Wenn die Gardinenstangen eingeschoben sind, werden sie nur noch in die dafür vorgesehenen Haken eingehängt, und die Bespannung ist fertig.

Dreieckiger Aufsatz

Sie benötigen:

- *etwa 0,5 cm dickes Sperrholz –*
  90 cm x 50 cm
- *3 Holzschrauben*

Aus dem Sperrholz einen dreieckigen Aufsatz zuschneiden (siehe Abbildung), dessen Grundseite 90 cm lang ist. Der untere Teil des Aufsatzes hat eine Höhe von 10 cm, damit er genau hinter die obere Leiste des Vorderteils passt.

Entlang der Grundlinie bohren Sie im Abstand von 5 cm zum unteren Rand 3 Löcher vor (2 Löcher in 7,5 cm Entfernung zum Ende und eines in der Mitte – 45 cm).

Im gleichen Abstand werden jetzt 3 Löcher in die obere Leiste des Theatervorderteils gebohrt. Dann legt man das Dreieck unter diese obere Leiste, sodass die Löcher übereinander liegen, und dreht die Schrauben fest.

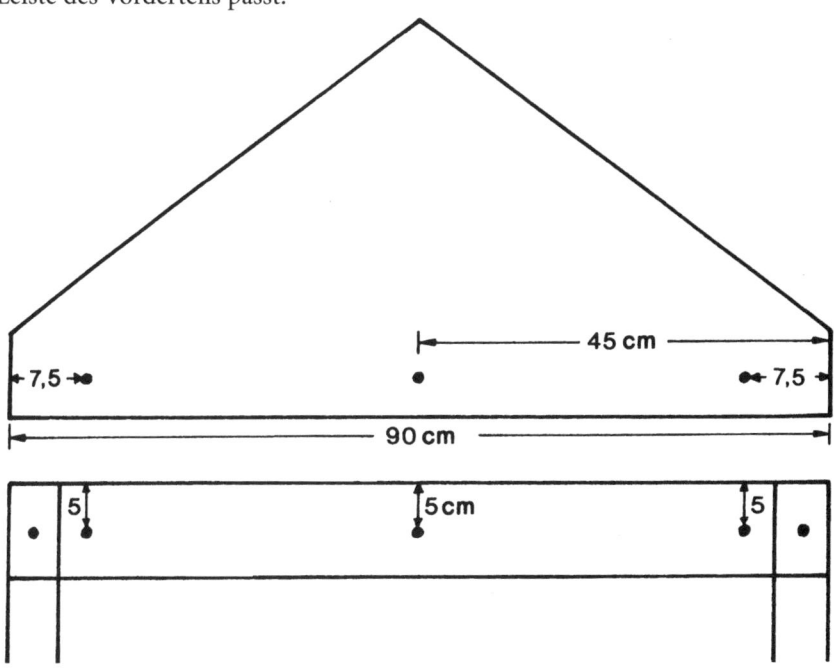

Gardine

Sie benötigen:

- *1 Gardinenschiene – 80 cm lang*
- *15 – 20 Gardinenröllchen*
- *2 Feststeller*
- *4 kleine Gardinenringe*
- *Gardinenstoßband – 1,10 m lang*

Am einfachsten ist es, wenn man eine Gardinenschiene benutzt, die gegen die untere Kante der oberen Leiste des Vorderteils geschraubt wird.

Die Gardine für die Bühne wird aus beliebigem Stoff in 2 gleichen Teilen genäht.

Für 1 Teil benötigt man 55 cm langen und 70 cm breiten Stoff. Der Stoff wird doppelt zugeschnitten, an den kurzen Seiten versäubert und umgenäht (etwa 1,5 cm breit). Die Unterkante wird 1,5 cm umgebügelt, nochmals 2 cm umgeschlagen und festgesteppt.

Die Oberkante wird auch 1,5 cm umgelegt. Darauf steckt man das Gardinenstoßband mit den Schlaufen für die Röllchen und steppt es oben und unten fest.

Die 2. Hälfte der Gardine wird genauso genäht.

Dann fertigt man noch 2 Bänder an, mit denen die Gardine zur Seite gehalten werden kann. Dazu werden von 4 Stoffstreifen, etwa 30 cm lang und 5 cm breit, je 2 Streifen aufeinander gelegt und an 3 Seiten 1 cm vom Rand entfernt zusammengesteppt.

Jetzt krempeln Sie die Streifen um und bügeln sie glatt. Die offene Seite schlagen Sie 1–2 cm nach innen um und steppen das ganze Band noch einmal rundherum, etwa $1/2$ cm breit vom Rand entfernt. An beiden Enden eines Streifens wird ein Gardinenring angenäht.

Jetzt befestigt man die Röllchen am Gardinenstoßband, hängt diese auf und setzt 2 Feststeller an die Ränder der Schiene, damit die Röllchen nicht herausrutschen können.

Auf jeder Seite der Bühne wird ein Band mit einem Ring in den dafür vorgesehenen Haken gehängt. Will man die Gardine zur Seite raffen, legt man das Band um den Stoff und hängt den zweiten Ring ebenfalls ein. Damit ist das Theater fertig. Der dreieckige Aufsatz kann noch beliebig bemalt werden.

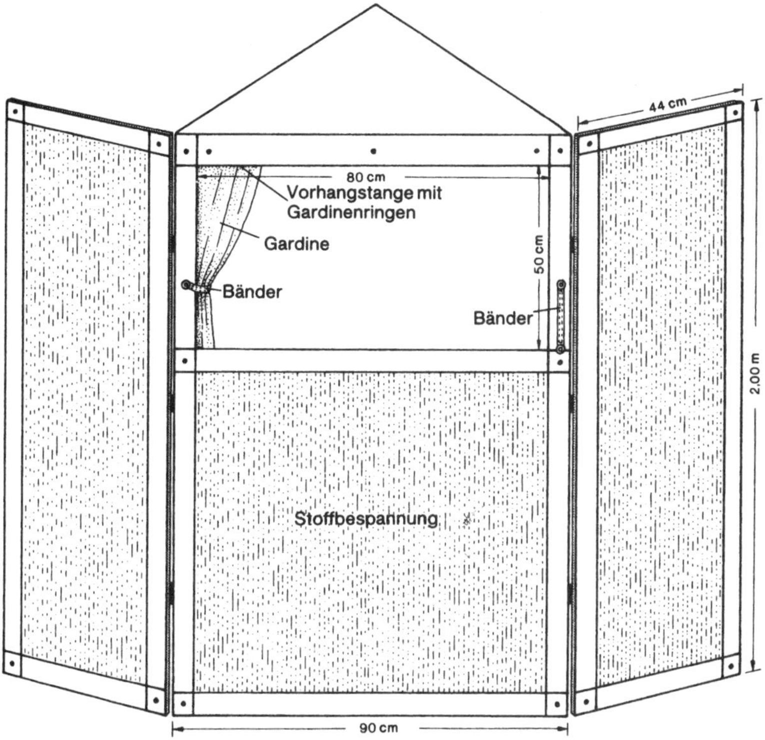

44 cm

80 cm
Vorhangstange mit
Gardinenringen

Gardine

50 cm

Bänder

Bänder

2,00 m

Stoffbespannung

90 cm

Die Herstellung der Hintergrundbilder

Wie schon erwähnt, kann im improvisierten Spiel ganz auf die Hintergründe verzichtet werden. Es gibt aber auch noch die Möglichkeit, verschiedenfarbige Vorhänge zu benutzen. Diese kann man in jedem Stück wiederverwenden, ohne dass etwas daran geändert werden müsste (z. B. für den Wald: grün, für das Schloss: gelb, die Straße: grau ... usw.). Natürlich kann auch während des ganzen Spieles nur ein Vorhang benutzt werden.

An den oberen Rand der Hintergrundvorhänge sollten Sie eine schmale Leiste nagen. Das gibt Halt,

13

und die Leiste kann in die dafür vorgesehenen Haken eingehängt werden.

Für alle diejenigen, die Spaß am Malen und Basteln haben, sind für jedes Stück Hintergrundvorschläge in den Spielhinweisen zu finden. Gerade für etwas ältere Kinder wird dadurch die Wirkung der einzelnen Szenen erhöht. Als Material für diese Bilder verwendet man am besten dicke Pappe oder Sperrholz. Die Größe richtet sich nach der Bühnengröße und dem Abstand zwischen den Seitenteilen des aufgestellten Theaters. Die Grundform ist in jedem Fall ein Rechteck. Dieses kann nun durch Bemalen oder Bekleben farbig gestaltet werden. Wer nicht direkt auf das Rohmaterial malen möchte, kann auch zuerst auf weißes oder farbiges Papier malen und das

fertige Bild dann aufkleben. Oder Sie sammeln passende Abbildungen aus Zeitschriften, die Sie als Collage aufkleben. Sie können auch beide Techniken kombinieren.

Die Farben der Hintergrundbilder wählt man am besten nicht zu kräftig und nicht zu vielfältig. Man muss immer bedenken, dass die Bilder auch auf Zuschauer wirken sollen, die etwas weiter entfernt sitzen. Aus diesem Grund sollten auch nicht zu viele Einzelheiten auf den Bildern zu sehen sein. Beschränken Sie sich auf das Wichtigste und auf das Charakteristische, und lassen Sie Ihre Werke am besten einmal aus der Ferne auf sich wirken.

Bei Bildern, die eine Wohnungseinrichtung darstellen, ist es empfehlenswert, ein Fenster und eine Tür

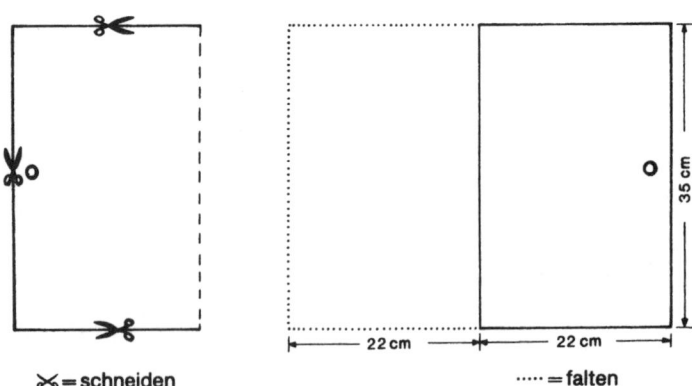

✂ = schneiden   ····· = falten

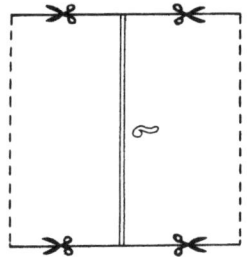
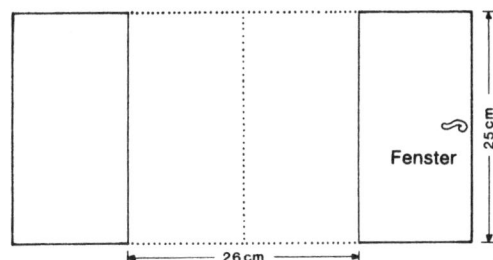

einzubeziehen, da diese in der Handlung häufig vorkommen und so nicht jedes Mal extra angefertigt und dazugeklebt werden müssen. Schneidet man die Tür außerdem noch an 3 Seiten ein, dann lässt sie sich richtig öffnen. Das Gleiche gilt für das Fenster, wenn es in der Mitte – oben und unten – eingeschnitten wird. Die beiden Flügel lassen sich dann wie Fensterläden aufklappen.

In jedem Fall sollte das fertige Hintergrundbild lackiert werden. So bleibt die Farbe besser erhalten und es ist möglich, das Bild später je nach Bedarf umzufunktionieren, indem man etwas hinzufügt und hinterher wieder abnimmt. So kann man zum Beispiel ein Räuberhaus gesondert malen, ausschneiden und mit wieder ablösbarem Klebeband am Bild des Waldes befestigen. Hinterher wird es mühelos wieder entfernt und durch etwas anderes ersetzt.

Auf diese Weise „zaubert" man aus einem Wald einen Geisterwald, aus einer Wiese einen Garten … usw., und man erspart sich dadurch viel Arbeit.

In der gleichen Art lassen sich auch die Hintergrundbilder verändern, die zusammen mit dem Puppentheater gekauft werden.

Wenn Sie sich einige Hintergrundbilder als Grundausstattung anfertigen wollen, dann benötigen Sie auf jeden Fall: Wald, Schloss, Wohnung, Wiese, Straße.

Hat man das Kaspertheater selbst gebastelt, muss rechts und links an jedem Bild je ein Bildaufhänger befestigt werden. Dadurch kann es mühelos an den Haken der Seitenwände eingehängt und vor allen Dingen schnell gewechselt werden.

15

Die Gestaltung des Vordergrundes

Dinge, die im Vordergrund der Bühne angebracht werden sollen, kann man entweder festkleben oder aufhängen. Eine dritte Möglichkeit besteht darin, etwas über den Bühnenrand zu legen, sodass es zum Zuschauerraum hin herabhängt, z. B. einen Teppich oder Bettzeug. Die Befestigung durch Aufkleben geschieht folgendermaßen: Die gewünschten Dinge werden auf Pappe gemalt und so ausgeschnitten, dass sie unten etwas länger sind. Dieses verlängerte Stück wird dann von hinten mit Klebeband gegen die Bühne geklebt. Sind die Stücke größer und schwerer, sollten Sie Heftzwecken benutzen.

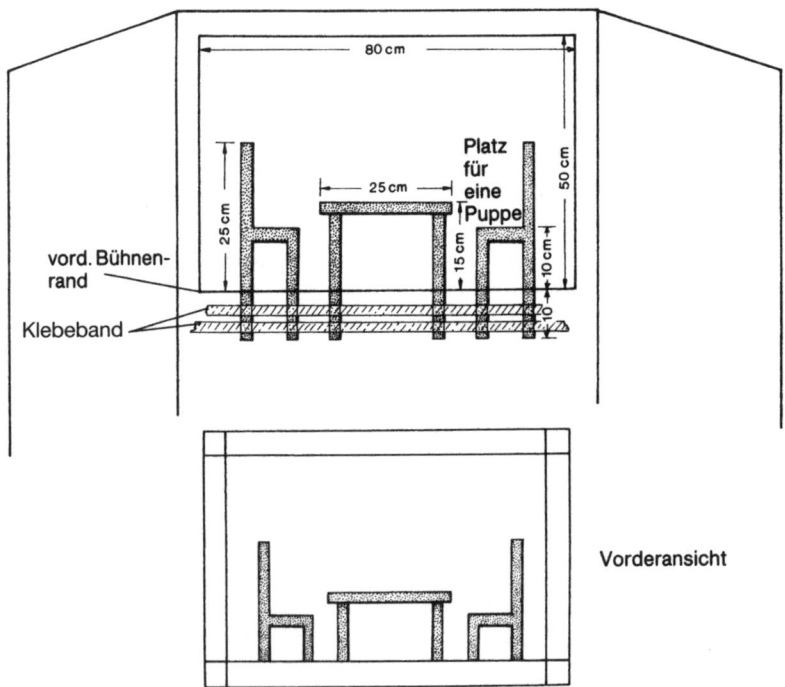

16

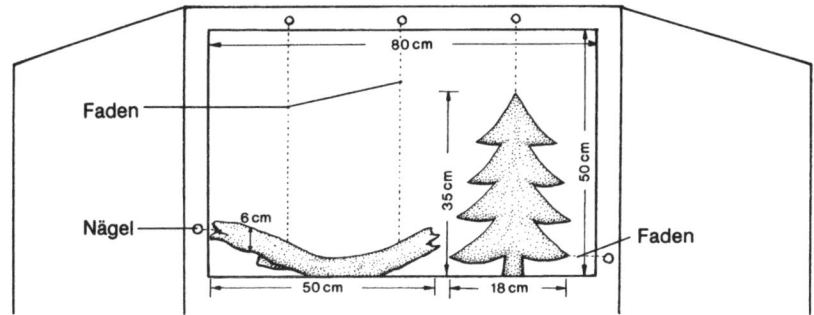

Auf die gleiche Art und Weise – hier sind es die Möbel – können natürlich auch noch viele andere Dinge wie Verkehrszeichen, Blumen, Bäume und Autos befestigt werden.

Eine andere Befestigungsmöglichkeit besteht darin, einzelne Teile mit dünnen Fäden an kleinen Nägeln aufzuhängen, die man in den oberen Rand der Bühne schlägt. Zusätzlich können die Gegenstände auch noch seitlich einen solchen Halt bekommen. Diese Methode eignet sich besonders für leicht bewegliche Teile, die dann über den Bühnenrand nach unten hinausragen sollen.

Dinge, die Sie während der Vorführung auf der Bühne bewegen möchten, befestigen Sie an einem langen Pappstreifen, mit dessen Hilfe Sie sie führen können.

Das Beispiel eines Autos verdeutlicht, wo Sie den Pappstreifen festkleben.

Zusätzlich kann man von einer Bühnenseitenwand zur anderen eine

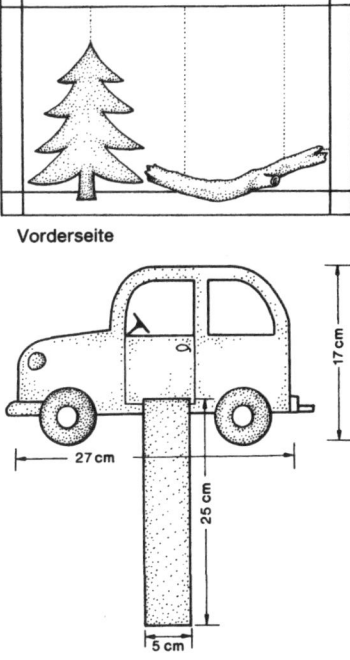

Vorderseite

17

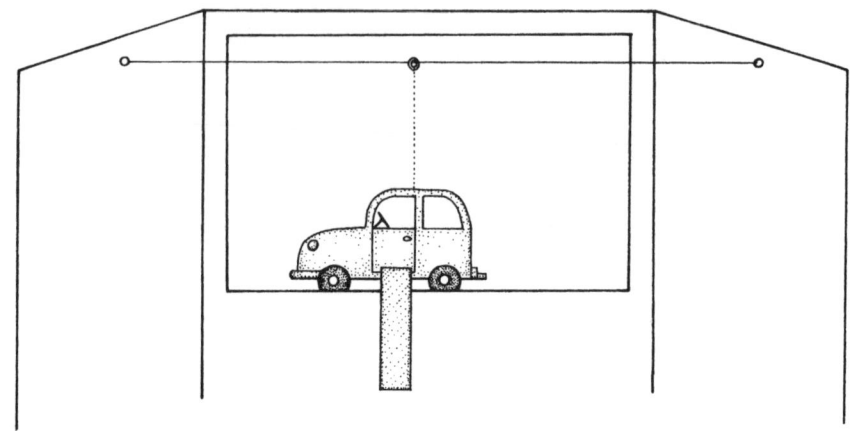

Schnur oder einen Draht spannen. An diesem wird das Auto durch einen Faden und einen Ring aufgehängt, und so kann das Auto auf der Bühne von rechts nach links geschoben werden und an jeder beliebigen Stelle stehen bzw. hängen gelassen werden.

 Verschiedene Methoden zur Puppenherstellung

Allgemein ist bei der Herstellung von Kasperpuppen zu beachten, dass sie, wie die Hintergrundbilder, aus der Ferne wirken sollen. Praktisch gesehen heißt das, alle Kleinigkeiten, jedes Zuviel zu vermeiden: Beschränken Sie sich nur auf das Wichtigste! So hat jede Puppe ihre charakteristischen Merkmale, an denen sie erkannt wird. Diese können auch ruhig etwas übertrieben werden. Wer sich ein Grundsortiment von Kasperpuppen für viele verschiedene Spiele anlegen möchte, der sollte an folgende, häufig vorkommende Figuren denken: Kasper, Seppel, Gretel, Großmutter, Polizist, Räuber, Hexe, Krokodil. Empfehlenswert wäre aber auch noch eine Erweiterung durch 1 bis 2 Tiere, den Zauberer und eine „Verwandlungspuppe". Diese so genannte Verwandlungspuppe kann für alle außergewöhnlichen Figuren wie Diener, Verkäufer, Ausrufer oder andere benutzt werden, wenn man sie entsprechend anzieht. Sie sollte daher möglichst keine feststehende Kopfbedeckung tragen, das Gesicht sollte neutral und die Kleidung unauffällig gehalten werden.

Im Folgenden werden nun einige Methoden vorgestellt, nach denen man Puppenköpfe anfertigen kann. Die Herstellung der Kleider wird später gesondert behandelt. – In jedem Falle sollten alle Ihre Puppen auf die gleiche Weise gearbeitet werden. Dadurch wirkt das Gesamtbild harmonisch.

Kugelköpfe

Die einfachste Art, eine Kasperpuppe herzustellen, ist die, eine fertige Kugel als Kopf zu benutzen. Diese Kugel kann aus Holz, Styropor oder gepresster Watte bestehen. Wählt man Holz, muss man darauf achten, dass eine Öffnung zum Hineinstecken des Zeigefingers vorhanden ist. (Diese Kugeln sind extra für Kasperköpfe bestimmt. Man kann sie in vielen Bastelabteilungen fertig kaufen.)

Benutzt man Styropor- oder Wattekugeln, können die Löcher leicht selber hineingebohrt oder -geschnitten werden. Der Durchmesser der Kugeln sollte 8–9 cm betragen.

Als Nächstes sollten Sie sich überlegen, ob Sie die Kugel im Rohzustand „verzieren" möchten, oder ob Sie sie erst beziehen wollen. Zum Beziehen eignet sich Trikotstoff (ausgedientes T-Shirt) oder dickerer Strumpfstoff am besten. Natürlich können Sie auch Leinentücher oder ähnlichen unbedruckten Stoff verwenden. Die Farbe sollte möglichst dezent gehalten sein, damit die anderen „Zutaten" auch noch wirken. Aus dem Stoff (25 cm x 25 cm oder 30 cm x 30 cm) schneidet man einen großen Kreis aus. In die Mitte legt man die Kugel so, dass sich die Öffnung unten befindet. Dann drückt man den Stoff unter der Kugel zusammen und bindet das Ganze mit reißfestem Band oder Faden so ab, dass nur noch ein kleines Stück für den Zeigefinger offen bleibt. Stecken Sie dazu am besten den Finger in die Kugel und regulieren Sie mit der anderen Hand die Spannung des Fadens. Der unter dem Faden überstehende Stoff wird bis auf etwa 2 cm abgeschnitten. Der überstehende Rest verschwindet später im Kleid.

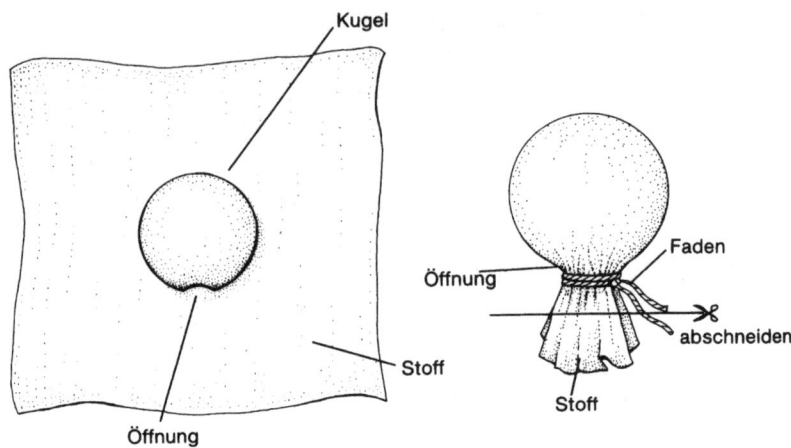

Nun kann man damit beginnen, das Gesicht zu gestalten. Erlaubt sind dazu alle erdenklichen Materialien, von Filz über Perlen, Knöpfe, Wolle, Kordel, Folie, leere Nähgarnröllchen ... bis zu den verschiedensten Malstiften und Farben zum Kolorieren.

Für die Haare werden entsprechende Wollfäden in der gewünschten Länge zugeschnitten und aufgeklebt. Der Hut kann aus Pappe, Stoff oder Filz bestehen oder gehäkelt werden. Verwendet man weiche Materialien, kann die Kopfbedeckung bei Bedarf auch mit Watte gefüllt werden.

Ohren kann man, muss man aber nicht anfügen. Oft werden sie sowieso von den Haaren verdeckt.

Bei der Materialauswahl sollten Sie auf die Beschaffenheit der Kugel Rücksicht nehmen: Auf Holz verwenden Sie beispielsweise besser Filz, da Perlen oder Knöpfe kaum halten. Nehmen Sie dagegen weichere Kugeln, können Sie Knöpfe und Perlen aufnähen oder aufkleben.

Krone aus Goldfolie

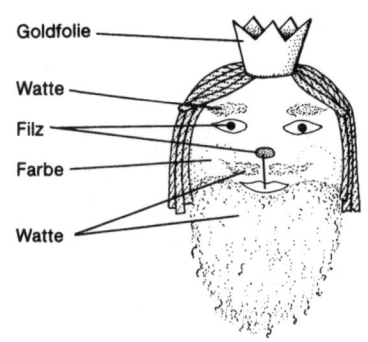

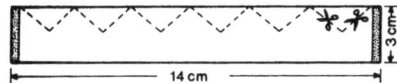

In die Goldfolie werden entlang der gestrichelten Linie Zacken geschnitten. Die Klebefläche wird mit Klebstoff bestrichen und aufeinander geklebt.

Pappmascheeköpfe

Hier geht es darum, den Kopfrohling selbst anzufertigen. Als Material verwendet man so genanntes Pappmaschee. Das ist eine Masse aus klein gerissenem Zeitungspapier und Tapetenkleister. Diese Masse muss vor Beginn der eigentlichen Arbeit angesetzt werden. Dazu reißt oder schneidet man Zeitungspapier in Stückchen, die man in angerührten Tapetenkleister (siehe Packungsbeilage) schüttet. Sie können auch Seidenpapier verwenden. Es entsteht dann eine feinere Masse als aus den Zeitungsschnipseln. Ich bin jedoch der Meinung, dass zu Kasperköpfen die grobere Masse für die Gestaltung der Gesichtszüge geeignet ist.

Sie benötigen so viel Papier, dass beim Durchkneten eine zähe, dicke Masse entsteht. Am besten füllen Sie die Masse in eine Schüssel oder einen Eimer, der mit Folie oder einem Deckel verschlossen wird. Dann lässt man alles 1–2 Tage einweichen. In dieser Zeit saugt sich das Papier ganz voll Wasser und verbindet sich mit dem Kleister zu einem einheitlichen Brei. Vor Gebrauch sollte er nochmals durchgeknetet werden. So prüfen Sie ihn gleichzeitig auf seine Formbarkeit: Ist die Masse zu dick, gibt man noch etwas Wasser hinzu, ist sie zu dünn, werden noch einige Papierschnipsel untergemengt.

Als Nächstes wird das „Gerüst" des Kopfes vorbereitet. Dazu knüllt man einen Bogen Zeitungspapier fest zu einem Ball zusammen, der etwas kleiner sein sollte, als der spätere Puppenkopf. Dieser Ball wird mit einem Faden kreuzweise umwickelt, damit er nicht wieder auseinander fällt.

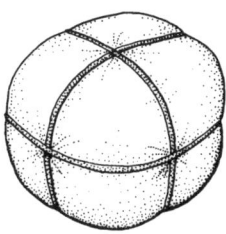

etwa 8 cm Durchmesser

Anschließend wird dieser Ball gut mit Kleister durchfeuchtet, ebenso ein großes Stück festes Papier (zum Beispiel Packpapier), das Sie dann glatt auf den Tisch legen. Den Papierball legen Sie in die Mitte und wickeln das Papier fest darum. Die unteren Kanten des Papiers drücken Sie nun fest an Ihren in den Ball gesteckten Zeigefinger. Dieser „Hals" kann dann noch durch einen biegsamen Pappstreifen verstärkt werden, der ebenfalls mit Kleister eingestrichen sein muss.

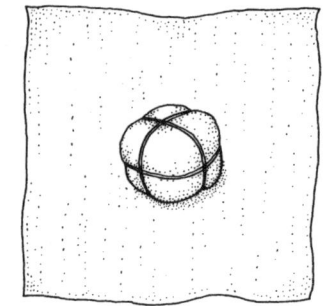

Nun, nachdem die Rohform der Puppe fertig ist, tragen Sie auf Kopf und Hals die Masse auf.

In diese modellieren Sie das Gesicht. An hervorspringenden Stellen wie Nase, Kinn und Wangen wird noch etwas Pappmaché aufgesetzt. An vertieften Stellen – Augen und Mund – drücken Sie den Papierbrei ein, bis die einzelnen Partien die gewünschte Form angenommen haben. Solange die Masse nass ist, kann sie immer wieder verändert werden.

Vorschläge für das Modellieren des Gesichts
Die Augen rund oder länglich eindrücken, sodass Löcher entstehen; die Augenbrauen als Wulst – grob oder fein – aufsetzen.

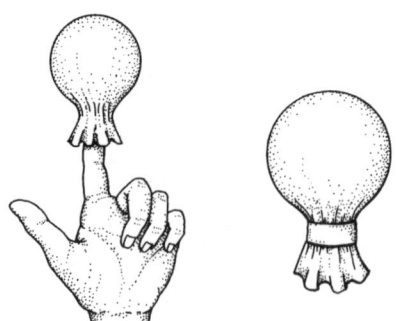

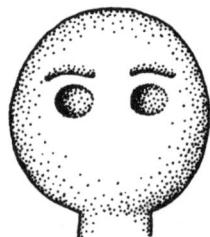

Erst die Augenhöhlen eindrücken, dort hinein kleine Kugeln setzen und andrücken (nächste Seite); die Augenbrauen leicht aus der Gesichtsmasse hervorholen.

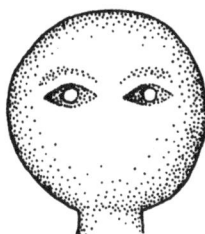

Die Nase aus dem Gesicht herausholen, indem rund um die Nasenform etwas Masse herausgeholt und zur Nase hineingedrückt wird. Eventuell zusätzlich etwas Masse dazugeben (seitlich in die Augenbrauen auslaufen lassen).

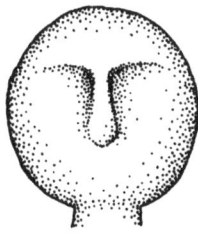

Die Nase in der gewünschten Form modellieren und aufsetzen. Ebenso die Wangen, die jedoch auch aus der Gesichtsmasse herausgeholt werden können.

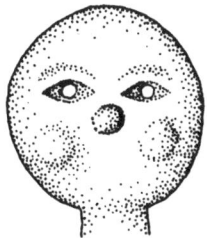

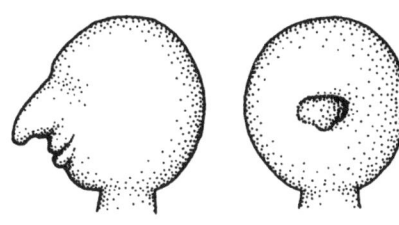

Nasenformen

Den Mund in der beliebigen Form eindrücken, eventuell „Lippen" aufsetzen.

Den Mund ganz aufsetzen, zur Mitte hin leicht eindrücken.

23

Wenn der Kopf fertig modelliert ist, wird er noch einmal ganz mit Kleister bestrichen und zum Trocknen aufgestellt. Dabei ist zu beachten, dass die Öffnung für den Finger sich während des Trockenvorganges verformen kann. Deshalb sollte man eine kurze Pappröhre mit entsprechendem Durchmesser anfertigen, die bis zum Anmalen in die Öffnung gesteckt wird. Sie muss auch später nicht unbedingt entfernt werden.

Sind die Köpfe ganz trocken, erhalten sie ihren letzten „Schliff" durch die Bemalung. Hierbei sollten Sie nicht zu sehr ins Detail gehen: Charakteristische Gesichtszüge werden durch die Farbe betont; alles andere sollte nicht zu bunt gehalten sein, das würde nur verwirren. – Als Farben eignen sich besonders gut Ölfarben, die nach dem Trocknen zur besseren Haltbarkeit noch lackiert werden.

Die Haare können aus Filz oder Wolle geschnitten und dann aufgeklebt werden. Als zusätzlichen Kopfschmuck kann man beispielsweise verwenden:

- für den Kasper eine Zipfelmütze aus Filz;
- für den Räuber einen Hut mit Feder und einen Bart aus Wolle;
- für Gretel Zopfschleifen aus Wolle;
- für die Großmutter einen Dutt aus Watte und Wolle sowie eine Brille aus Blumendraht;
- für die Prinzessin eine Krone aus Goldfolie;
- für den König eine Krone aus Goldfolie, einen Bart aus Watte;
- für die Hexe ein Kopftuch aus Stoff.

Mit ein bisschen Fantasie werden Sie sicher für jede Puppe etwas Passendes finden.

Anhand der eben beschriebenen Methode lassen sich auch gut Tierfiguren herstellen. Dann wird nur entsprechend die Kopfform oder – in wenigen Fällen – auch die Rohform etwas verändert: Sie formen die Ohren beim Hasen, Hund oder Bären in einem Stück mit dem Kopf aus Pappmaschee – genauso die Hundeschnauze oder den Rachen des Krokodils mit seinen Zähnen. Der getrocknete Kopf wird dann ganz mit Filz, Plüsch oder Webpelz bezogen. Einzelheiten schneiden Sie aus Filz zu und kleben sie auf. Schnurrhaare bestehen aus Nylonschnüren. Beim Krokodil beziehen Sie den Rachen nicht mit Stoff, sondern bemalen ihn weiß und rot. Die Zunge aus Filz befestigen sie nachträglich.

Die Herstellung von Puppenkleidern

Die passenden Kleider für die Puppenköpfe aus Holz, Styropor oder Pappmaschee werden nach folgendem Schnitt genäht oder – weniger haltbar – geklebt.

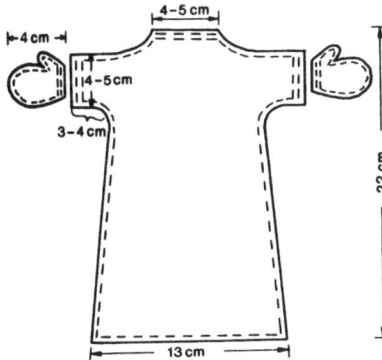

Bei der Größe des Schemas ist darauf zu achten, dass die Hand des Puppenspielers bequem auch in den unteren, schmaleren Teil des Kleides passt. Denken Sie beim Ausmessen unbedingt an die Nahtzugabe! Besonders an engen Stellen, wie an den Armen und am Hals, ist zu bedenken, dass sie sich durch die Naht nochmals verkleinern. Sie müssen so bemessen sein, dass die Finger nach dem Nähen noch bequem hindurchpassen.

Zum Nähen wird das Kleid 2-mal nach Muster zugeschnitten und rechts auf rechts zusammengelegt. Dann werden die Teile an den einfach gestrichelten Linien zusammengenäht. Die doppelt gestrichelten Linien werden an jedem Teil extra nach außen (links) umgeschlagen und festgenäht, sodass sie offen bleiben.

Auch die Hände werden jeweils doppelt zugeschnitten, rechts auf rechts zusammengelegt, und so genäht, dass sie nur an der doppelt gestrichelten Linie offen bleiben. Diese Kanten werden wieder extra nach links umgenäht. Handelt es sich jedoch um Filz, entfällt dieser Arbeitsgang, und die Hände können direkt an die Arme genäht werden, und zwar auch wieder so, dass die Öffnung für die Finger frei bleibt.

Anschließend können die Puppenkleider noch beliebig verziert werden, bevor man sie am Hals befestigt. Dazu zieht man einen reißfesten Faden durch den oberen Rand des Kleides, steckt den Puppenkopf hinein und zieht das Band fest zusammen. Der Übergang vom Kopf zum Hals kann durch einen schmalen Stoffstreifen verdeckt werden, den man um den Hals legt und hinten zusammennäht.

Verwendet man Kugelköpfe, wird der Halsausschnitt ebenfalls zugezogen. Der Finger kann jedoch direkt durch die Halsöffnung in den Kopf gesteckt werden.

 ## Tierpuppen

Die Körper der Tierpuppen werden größtenteils wie die der anderen Puppen genäht bzw. gehäkelt oder gestrickt. Nach Belieben können bei den Tierpuppen jedoch die Arme weggelassen werden. Dabei sollten Sie aber bedenken, dass eine Puppe ohne Arme weniger ausdrucksstark ist.

Eine Ausnahme bildet lediglich der Körper des Krokodils. Diese Puppe ist so gebaut, dass die ganze Hand in den Kopf gehört: Der Daumen wird in den Unterkiefer gesteckt, die restlichen 4 Finger in den Oberkiefer. So kann das Maul auf- und zugeklappt werden. Da nun keine Finger für die Arme übrig sind, wird er Körper wie

ein Schlauch genäht und dann am Kopf zusammengezogen.

Nach Belieben können Sie den Krokodilkörper auf dem Rücken noch mit Zacken (doppelt genähte Stoffdreiecke) versehen.

Bei den Vorschlägen zur Gestaltung von Kasperpuppen handelt es sich nur um einen kleinen Ausschnitt der nahezu unbegrenzten Möglichkeiten. Ihrer Fantasie sind keine Grenzen gesetzt: Ob Sie nun leere Pappröhren in Puppen verwandeln oder aus verschiedenen Kochlöffeln lustige Gesichter zaubern, der Spaß daran sollte immer die Hauptsache bleiben.

So halten Sie die Puppen richtig

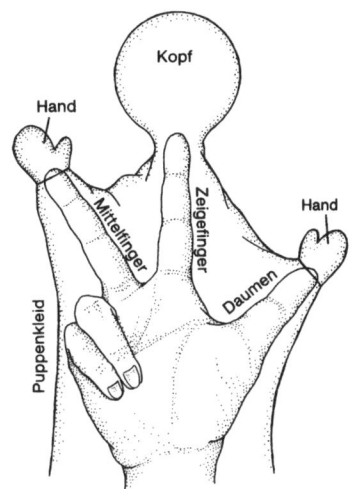

Die Puppenführung sollten Sie vor einem Spiegel üben, um die Wirkung der Bewegungen zu überprüfen. Grundsätzlich stecken Sie den Zeigefinger in den Kopf der Puppe, Mittelfinger und Daumen bewegen die Hände der Puppen.

Körperbewegungen der Puppen können Sie durch die Drehung der gesamten Hand bzw. des Armes darstellen.

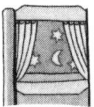

Hinweise zum Puppenspiel

Sie müssen sich bei der Aufführung der Stücke nicht genau an den vorgegebenen Text halten. Im Gegenteil: Das Spiel wirkt freier und natürlicher, wenn Sie den Text nur als Leitfaden benutzen. Machen Sie sich vorher so gut mit dem Inhalt vertraut, dass Sie notfalls auch ohne Vorlage spielen können.

Die einzelnen Stücke sollten in Inhalt und Text dem Alter, dem Entwicklungs- und dem Erfahrungsstand der Kinder entsprechen oder ihm angepasst werden. Diesen

Aspekt berücksichtigen Sie bereits bei der Auswahl des Spiels, dann können Sie den Text entsprechend abändern. Lassen Sie den Kindern bekannte Namen, Orte und Erfahrungen mit einfließen sowie aktuelle alltägliche Ereignisse.

Ganz wichtig ist es für die Kinder, dass ihre Zurufe und Einwürfe beachtet und im Spielverlauf berücksichtigt werden. In dieser Beziehung sollte jeder Spieler flexibel sein. Wenn zu viele Kinder gleichzeitig durcheinander rufen, kann die

Beantwortung durch eine knappe, allgemeine Zusammenfassung verkürzt werden. Das Einbeziehen der Kinder trägt auch sehr zur Aufrechterhaltung ihrer Aufmerksamkeit bei.

In diesem Zusammenhang ist auch die Sprachmodulation der Spieler ein wichtiger, spannungserhaltender Punkt. Sprechen Sie nicht immer im gleichen Tonfall und in gleicher Lautstärke, bringen Sie auch etwas Abwechslung in die Geräuschkulisse! Die Lautstärke der Sprecher richtet sich nach der Raumgröße. Es hat sich als günstig erwiesen, den Anfang des Spiels sowie der einzelnen Akte durch die Betätigung eines Glöckchens anzukündigen. Dieser Ton durchbricht das allgemeine Stimmengemurmel wirkungsvoller und müheloser als unsere Stimme. Ein paar Takte Musik erfüllen den gleichen Zweck, sind aber mit mehr Aufwand verbunden. Das Glöckchen können Sie auch im Spiel benutzen, wenn die Zurufe der Kinder so laut werden, dass die Weiterführung des Stückes nicht mehr möglich ist. Durch den Ton der Glocke wird die Unruhe beendet, und alle hören wieder zu. Eine weitere Möglichkeit, die Aufmerksamkeit der Kinder immer wieder neu zu wecken, besteht darin,

ihnen kleinere Aufgaben zu übertragen, z. B.: „Passt auf, was geschieht, wenn ich weg bin!" – „Sagt mir Bescheid, wenn das Krokodil kommt!" – „Erzählt der Oma, was passiert ist!"

Schließlich wäre zu diesem Thema noch zu sagen, dass die Puppen selbstverständlich niemals über längere Zeit hinweg bewegungslos auf der Bühne stehen sollen. Das passiert nur allzu leicht, wenn man nicht darauf achtet, und es langweilt natürlich besonders die kleinsten Zuschauer. Alle Dialoge sollten durch minimale Bewegungen der Puppen begleitet werden. Wer noch nie eine Puppe geführt hat, übt das am besten vor einem Spiegel und spricht dazu. Die Bewegungen sollten aber nicht zu hektisch sein, da das nur verwirrt, und sie wirken übrigens echter, wenn sie hinter der Bühne mitvollzogen werden, z. B. hüpfen. Auch die Stimme erzeugt Spannung, wenn Sie sie von leise nach laut steigern und wieder abfallen lassen; auch langsames und schnelles Sprechen sollten Sie variieren. Weiterhin ist zu beachten, dass die mitwirkenden Puppen übersichtlich über die Bühnen verteilt sind, damit der Zuschauer das Geschehen mühelos verfolgen kann.

Die Puppenführung mit 2 Spielern ist einfacher, wenn die Puppen sich im Gespräch gegenüberstehen, d. h., ein Spieler benutzt die linke, einer die rechte Hand. Wichtig ist natürlich auch, dass die Stimme verstellt wird, damit jede Puppe anders spricht und auch daran von den anderen unterschieden werden kann. Beim Spiel zu zweit sind die Improvisation und die gute Kenntnis des Spielinhaltes noch wichtiger als wenn Sie alleine spielen. Es passiert leicht, dass der Mitspieler sich verspricht oder Textstellen auslässt. Reagiert der andere Spieler jedoch schlagfertig, merken die Zuschauer gar nichts.

Einige Puppenspieler sind der Einfachheit halber schon dazu übergegangen, für die Stimme und die Puppenführung 2 verschiedene Personen zu verwenden. So kann sich der eine Spieler ganz auf die Bewegungen der Puppen konzentrieren, der andere auf die Stimmen und auf den Text. Beides muss natürlich synchron laufen. Wollen Sie diese Methode praktizieren, ist eine extrem große Bühne notwendig, da mehr Personen hinter ihr Platz finden müssen.

Je nach Größe der Bühne sollten Sie sich auch überlegen, ob Sie beim Spiel stehen wollen oder lieber einen Stuhl benutzen. Wählen Sie eine bequeme Haltung. Das Ausstrecken der Arme über eine längere Zeit hinweg ermüdet ohnehin sehr schnell.

Vor Beginn der Aufführung müssen die Rollen verteilt und die Requisiten vorhanden sein. Breiten Sie Ihre Puppen und Requisiten übersichtlich vor sich aus. Kontrollieren Sie noch einmal alles, auch den Text und die Hintergründe. Schon benutzte Requisiten, die nicht noch einmal gebraucht werden, verschwinden während des Spiels am besten sofort in einem dafür vorgesehenen Karton. – Jeweils in der Pause zwischen 2 Akten, bei geschlossenem Vorhang, sollten das Bühnenbild und der Hintergrund für die nächste Szene gestaltet und die neuen Puppen angezogen werden. Benutzen Sie Musikkassetten, dann denken Sie daran, immer vor dem Öffnen des Vorhanges die passende Stelle herauszusuchen. Am besten betrauen Sie eine Person extra mit der Bedienung des Gerätes oder überhaupt mit der Erzeugung aller Geräusche.

Etwas schwierig ist es, die Stimmungen der Puppen optisch widerzugeben, da ihr Gesichtsausdruck ja immer gleich ist. So kann man zum Beispiel traurige

Puppen vornüberbeugen und die Arme hängen lassen. Lustige Puppen dagegen schwenken die Arme, klatschen, hüpfen und tanzen.

Das Puppenspiel ist für Kinder mehr als reine Unterhaltung. Der Spieler kann damit bestimmte Ziele verfolgen, die sich durch die Puppen spielerisch verwirklichen lassen. So können zum Beispiel Lerninhalte, Informationen vermittelt werden, die die Kinder aufnehmen, ohne dass ihnen dies richtig bewusst wird. Sie identifizieren sich mit den Puppen und lernen so Regeln und Normen der Gesellschaft kennen, als würden sie die Erfahrungen selber machen. Durch improvisierte Spiele kann man beispielsweise vor Unfallschäden warnen, Verkehrsregeln vermitteln und Erlebnisse nachspielen, die – in dieser Form angesprochen – von den Kindern leichter verarbeitet werden können. Regen Sie die Kinder auch dazu an, selbst zu spielen. Dadurch können nämlich vorhandene Hemmungen abgebaut werden, und das Puppenspiel wirkt als Rollenspiel zur Bewältigung und Lösung verschiedener Probleme.

Beziehen Sie die Kinder bereits in die Vorbereitungen zum Puppenspiel ein: Aufbauen der Bühne, Vorbereitung des Zuschauerraumes, Basteln und Gestalten kleiner Einladungskarten für Nachbarskinder oder Schulfreunde … Auf diese Weise identifizieren sich die Kinder mit der Vorführung – sie haben zum Gelingen und zum Spaß auch etwas beigetragen und sind nicht nur Zuschauer.

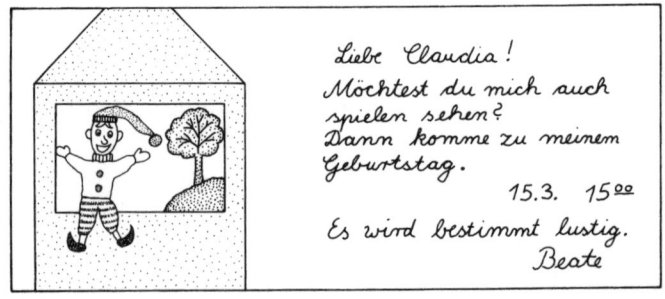

Liebe Claudia!
Möchtest du mich auch spielen sehen?
Dann komme zu meinem Geburtstag.
15.3. 15⁰⁰
Es wird bestimmt lustig.
Beate

Das Schlossgespenst

Puppenspiel in 3 Akten

◆ *Es spielen mit:*
Kasper
Prinzessin
Gespenst
Räuber
◆ *Hintergrundbilder:*
Schloss

◆ *Requisiten*
1. Akt:
Bettzeug, Tamburin, Stock
2. Akt:
2 Tücher

Spielhinweise

Dieses Kasperlespiel ist auf nur 1 Puppenspieler zugeschnitten, da jeweils nur 2 Puppen auftreten und auch sonst kein schneller Wechsel oder dergleichen notwendig ist.

Die Puppen Kasper, Prinzessin und Räuber werden nicht verändert. Das Gespenst – eigentlich der Räuber – erhält nur ein Stück von einem weißen Betttuch lose über den Kopf gelegt. Das Tuch muss so groß sein, dass die ganze Puppe bedeckt ist. Es ist zweckmäßig, 2 weiße Tücher bereitzulegen, da Kasper im 3. Akt auch eines benötigt, um der Prinzessin die Verkleidung demonstrieren zu können.

Am Schluss des 1. Aktes legt man, noch bevor sich der Vorhang wieder öffnet, das Bettzeug aus einem Puppenbett oder einfach eine Decke über den Bühnenrand. Dies ist Kaspers Bett. Die 12 Glockenschläge werden mit einem Tamburin, einem Glockenspiel oder 2 Topfdeckeln ausgeführt. Kurz darauf braucht man 1 Stock für das Gespenst.

Das Hintergrundbild in diesem Stück ist das Schloss – einmal von außen und einmal von innen. Im 1. Akt, sieht man das Schloss von außen, ganz aus der Nähe. Kasper klopft seitlich der Bühne, halb hinter dem zurückgezogenen Vorhang an. Dort taucht dann auch die Prinzessin auf.

Im 2. Akt sieht man das Schloss von innen. Am besten malen Sie die Einrichtung eines Schlafzimmers auf.

Wichtig ist jedoch, dass eine gut sichtbare Tür Bestandteil des Hintergrundes ist. Sie ist im 4. Akt wichtig. Wird das Bild für dieses Stück extra angefertigt, kann man die Tür einschneiden, sodass sie richtig zu öffnen ist. Sonst klebt man die aufgemalte und ausgeschnittene Tür auf den vorhandenen Hintergrund. Dann verlässt Kasper gegen Ende des 4. Aktes mit dem Räuber seitlich die Bühne.

1. Akt

(Anfangs wird vor geschlossenem Vorhang gespielt, späterer Hintergrund: Schloss von außen.)

Kasper: *(pfeift)* Mein Vater war ein Wandersmann ...
Ach, guten Tag, Kinder. Wir haben uns aber lange nicht mehr gesehen. Wie geht es euch? Ich hatte gerade Ferien und habe jeden Tag gefaulenzt, gefaulenzt und nichts getan. Hattet ihr auch Urlaub? Hm, dann seid ihr jetzt sicher alle frisch und ausgeruht, was? Ich bin auch ausgeruht. So ausgeruht, dass ich gar nicht mehr weiß, was ich tun soll. Könnt ihr mir nichts vorschlagen? *(Die Kinder machen Vorschläge.)*
Nein, dazu habe ich keine Lust – das ist mir zu anstrengend – nöööh ...
Aber wisst ihr was? Ich werde mal meine Freundin, die Prinzessin, besuchen. Sie ist im Urlaub mit ihren Eltern ans Meer gefahren. Danach haben wir uns nicht mehr gesehen. Was sie wohl alles zu erzählen hat? Am Meer ist es bestimmt lustig und spannend gewesen. Wart ihr schon einmal am Meer? *(Er lässt die Kinder erzählen, geht hin und her – dabei öffnet sich langsam der Vorhang, und man sieht das Schloss.)* Ach, da hinten ist ja das Schloss. Der Weg ist ganz schön weit. Na, ich kann bestimmt hier schlafen und morgen wieder nach Hause gehen. So, da bin ich. Zuerst werde ich an die Türe klopfen. – Nanu, da rührt sich ja gar nichts. Ob niemand zu Hause ist? *(klopft wieder)* Doch, da höre ich leise Schritte.

33

Prinzessin: *(guckt vorsichtig um die Ecke)* Ach Kasper, du bist's! Komm doch herein. *(guckt sich um)*

Kasper: Ja, ich bin's! Wer soll ich denn sonst sein? Sag mal, was ist denn mit dir los? Wen suchst du denn? Ich dachte, du freust dich, wenn ich komme.

Prinzessin: Ja natürlich freue ich mich, aber – *(ängstlich)* hast du das Geräusch eben gehört?

Kasper: Da wird ein Tier vorbeigehuscht sein. Was ist bloß los?

Prinzessin: Ja, weißt du, wir waren doch in Urlaub. Seit einer Woche sind wir nun wieder hier und seitdem – seitdem spukt es bei uns im Schloss.

Kasper: Hahaha, es spuckt? Wer spuckt denn?

Prinzessin: Ach was, nicht spucken – spuken! Kennst du keine Gespenster? Die gibt es jetzt hier.

Kasper: So ein Quatsch! Weißt du denn nicht, dass es gar keine Gespenster gibt?

Prinzessin: Nachts geistern hier weiße Gestalten durchs Schloss. Gestern zum Beispiel hat das Gespenst mir die Bettdecke weggezogen und aus dem Fenster geworfen. Dann hat es ganz schauerlich gelacht und einen Geistertanz aufgeführt. Am Tag geschehen auch geheimnisvolle Dinge. Das Essen verschwindet vom Tisch, das Licht geht an und aus, überall hört man seltsame Geräusche. Am liebsten möchte ich weglaufen. Ich habe solche Angst.

Kasper:	Hm, hm, da kann aber etwas nicht stimmen. Das muss ich mir wohl mal anschauen. Ich hatte sowieso vor, hier zu übernachten. Bist du einverstanden? Dann schaue ich mir dieses komische Gespenst einmal näher an.
Prinzessin:	Sicher bin ich einverstanden. O Kasper, wenn du das Gespenst nicht vertreiben kannst, ziehe ich hier aus – und meine Eltern bestimmt auch!
Kasper:	Langsam, langsam, wozu hast du mich denn? Jetzt bringe ich dich erst einmal etwas auf andere Gedanken. Sollen wir im Garten Schwarzer Peter spielen?
Prinzessin:	Wenn du meinst. Ich hole gleich die Karten. *(ab)*
Kasper:	Da bin ich aber gespannt. Ihr auch, Kinder? Habt ihr schon einmal ein echtes Gespenst gesehen? Nein? – Ich auch nicht. Aber vielleicht bald ...

2. Akt

(Hintergrundbild: Schloss von innen)

| Kasper: | So, jetzt ist es Abend. Ich glaube, so langsam kann ich ins Bett gehen. Bis jetzt habe ich noch kein Gespenst bemerkt. Vielleicht hat die Prinzessin alles nur geträumt. Na ja, wir werden es ja sehen. Uaaah, bin ich müde!
(Er schläft ein.) Chrrr – chrrr ...
(12 Glockenschläge) |

(Das Gespenst guckt um die Ecke und lacht laut, Kasper schläft weiter, das Gespenst tanzt und lacht noch lauter, dann kommt es näher und zieht Kasper die Decke weg, Kasper schläft weiter – das Gespenst verschwindet, kommt mit einem Stock wieder, haut Kasper damit auf den Kopf, lacht und tanzt.)

Kasper: Auah, o weh, o was ist denn? Das Gespenst! Weg mit dir, weg, weg! *(Das Gespenst verschwindet lachend.)* Jetzt habe ich mich aber erschrocken! Gott sei Dank, dass es weg ist! Mein Kopf, mein armer Kopf! Was ist denn bloß passiert? Ojeojeoje. *(Er schläft weiter.)*

3. Akt

(Hintergrund: Schloss von innen)

Prinzessin: Kasper, aufstehen! Na, hast du das Gespenst gesehen? Los, erzähls doch schon!

Kasper: Wie? Ach so, – nein ich ... oh, mein Kopf!

Prinzessin: Du hast ja eine dicke Beule am Kopf! Was ist passiert?

Kasper: Beule? Ach ja, jetzt fällt's mir wieder ein. Ich habe das Gespenst doch gesehen. Ich muss dir wohl glauben.

Prinzessin: Na siehst du. Ich habe nicht geträumt. Das Gespenst gibt es wirklich. Was sollen wir tun?

Kasper: Lass mich mal überlegen. – Wenn ich's mir recht überlege, sah das Gespenst gar nicht so schrecklich aus. Ich habe mich bloß so erschrocken, weil ich geschlafen habe. Wenn ich mich richtig erinnere, ... hm, – jaja, das könnte sein. Moment, ich bin gleich wieder da. *(Er verschwindet und kommt mit einem weißen Tuch zurück.)*

Prinzessin: Was er wohl vorhat? – Aber Kasper, was willst du denn mit deinem Bettuch? Jetzt verstehe ich gar nichts mehr.

Kasper: Das wirst du schon sehen. Geh' doch mal einen kleinen Augenblick vor die Türe. *(Die Prinzessin geht, und er zieht sich das Tuch über den Kopf.)* So, du kannst wieder hereinkommen. Huhuhuuuuuh!

Prinzessin: Hilfe, das Gespenst! Kasper, wo bist du denn? Hilfe!

Kasper: *(zieht das Tuch weg)* Kuckuck! Siehst du, so schnell verwandelt man sich in ein Gespenst!

Prinzessin: Ojeoje Kasper, hast du mich aber erschreckt! Ich wäre ja fast in Ohnmacht gefallen. Was soll das?

Kasper: Verstehst du denn nicht? Jeder kann ein Gespenst sein. Man braucht nur ein weißes Bettuch über den Kopf zu ziehen und schwupps – ist man ein Gespenst. Dann heult und zappelt man ein bisschen – so: Huhuhu – und schon hat jeder Angst.

Prinzessin: Tatsächlich. So einfach ist das also.

Kasper: Ja, so einfach. Jetzt müssen wir bloß noch herausfinden, wer hier Gespenst spielt und warum.

Prinzessin: Das weiß ich auch nicht. Wenn ich nur eine Ahnung hätte, wer das sein könnte ...

Kasper: Das werden wir schon herausfinden. Bestimmt kommt das Gespenst heute nacht wieder. Dann tue ich so, als ob ich schlafe. Wenn es näher kommt – flutsch – ziehe ich ihm das Betttuch weg, und du musst schnell von draußen die Türe abschließen. Dann ist es gefangen.

Prinzessin: Au ja, das machen wir. Jetzt habe ich keine Angst mehr. Die Kinder können mich ja rufen, wenn das Gespenst näher kommt. Ja? Wollt ihr das? Gut. Dann kann ich heute nacht ganz beruhigt vor der Türe warten. – Kasper, kommst du mit in die Stadt ein Eis essen? Bis heute abend ist ja noch viel Zeit.

Kasper: Aber sicher. Bei Eis sage ich nie nein.

4. Akt

(Hintergrund: Schloss von innen)

Kasper: So, da bin ich wieder. Puh, wir sind den ganzen Tag in der Stadt herumgelaufen. Ich habe drei Portionen Eis gegessen und einen großen Berg Schlagsahne! Mögt ihr auch so gerne Eis? Hmmm, ich mag am liebsten Erdbeereis. Ihr auch? – So, ich lege mich am besten gleich ins Bett. Hoffentlich schlafe ich nicht wieder so fest ein. Ich bin nämlich sehr müde. Dann müsst ihr mich wecken, ja? Wenn ihr das Gespenst seht, ruft ihr ganz laut: Kasper, Prinzessin! Dann werde ich wach, und die Prinzessin weiß, dass sie die Türe abschließen muss. Uah! *(seufzt)* *(12 Glockenschläge. – Das Gespenst erscheint, die Kinder rufen.)*

Kasper: Was? Oh, ah, das Gespenst! Gleich kommt es näher. Noch einen Moment und ... So, da hab' ich dich!
Er zieht ihm die Decke weg.)
Nanu, was haben wir denn da?
(Räuber kommt zum Vorschein.)
Das ist ja der Räuber Langfinger! Das ist also unser Gespenst! Welche Überraschung!
(Der Räuber will weglaufen, aber die Tür ist zu.)

Räuber: Nanu, die Tür ist zu! Zum Donnerwetter, so ein Pech! Verflixt noch mal! Bald hätte ich's geschafft! So ein Mist!

Kasper: Schimpf du nur. Es nützt dir alles nichts. Aber erzähl doch mal. Was hättest du bald geschafft?

Räuber: Na, die Prinzessin und ihre Eltern aus dem Schloss, aus ihrem Schloss zu vertreiben.

Kasper: Soso, das ist ja interessant. *(ruft)* Prinzessin, hörst du uns? Der Räuber ist unser Gespenst. Er hat dir etwas zu erzählen.

Prinzessin: Ja, ich kann alles genau verstehen.

Räuber: Na, meine Räuberhöhle hat mir nicht mehr gefallen. Da habe ich mir gedacht, ich möchte ein Schloss haben. Genau wie die Prinzessin. Na ja, und so ein Schloss kann man eben so schlecht stehlen.

Kasper: Jaja, das kann man wirklich schlecht. Und da wolltest du alle Leute aus dem Schloss jagen?

Räuber: Ja, ganz einfach. Ich habe gedacht, wenn ich ein bisschen Gespenst spiele, haben alle Angst vor mir. Dann ziehen sie bestimmt aus, und ich habe das Schloss für mich alleine. Also habe ich ein bisschen gespukt, und fast hätte es ja auch geklappt.

Kasper: Aber mit dem Kasper hast du nicht gerechnet, was?

Prinzessin: Was für ein Glück. Du bist zur rechten Zeit gekommen, Kasper. Sonst wären wir wirklich noch ausgezogen.

Kasper: Na, es ist ja alles noch mal gutgegangen. Bloß – was machen wir jetzt mit dem Räuber! Kinder, was meint ihr? Er hat doch eine Strafe verdient, oder? hm.

Prinzessin: Ich weiß was! Unsere Putzfrau ist gerade krank. Er könnte doch unser Schloss sauber machen.

Räuber: Oh nein, bitte nicht! Das ist keine Arbeit für mich! Das kann ich nicht!

Kasper: Doch, das ist eine gute Idee. Ich werde schon aufpassen, dass alles sauber ist. Außerdem könntest du auch noch den Garten umgraben und das Unkraut rupfen. Ich hoffe, dann lässt du die Prinzessin in Zukunft in Ruhe.

Räuber: O weh, o weh, ich armer Räuber!

Kasper: Da bist du doch selber schuld, nicht wahr Kinder? So, jetzt bringe ich dich erst einmal in die Küche zum Spülen. Prinzessin, Prinzessin, du kannst die Tür wieder aufmachen!*(Er geht mit dem Räuber ab und kommt mit der Prinzessin wieder.)*
Das hätten wir geschafft!

Prinzessin: Ja, und unser Schloss wird von oben bis unten sauber gemacht.

Kasper: Jetzt kannst du wenigstens wieder in Ruhe schlafen.

Prinzessin: Vielen vielen Dank, Kasper. Weißt du was, ich habe meinem Vater alles erzählt. Der möchte für dich ein Fest geben. Du darfst einladen, wen du willst.

Kasper: O fein! Aber bei den Kindern muss ich mich noch besonders bedanken. Ihr habt tüchtig mitgeholfen, sonst wäre der Räuber wohl immer noch ein Gespenst. – Jetzt muss ich aber gleich überlegen, wen ich einlade. Den Seppel, die Gretel, die Großmutter, den Klaus, die Liesel ... *(dabei ab)*

Die verschwundenen Eier

Puppenspiel in 3 Akten

◆ *Es spielen mit:*
Hase
Hund
Kasper
Hexe
◆ *Hintergrundbild:*
Wiese mit Hecke

◆ *Requisiten:*
1. Akt:
Pinsel
2. Akt:
Pinsel, Korb, Watteeier,
Hexenbesen und -buch
3. Akt:
Korb mit Eiern

Spielhinweise

In diesem Theaterstück spielen außer Kasper und der Hexe noch ein Hase und ein Hund mit: Der Hund könnte, wenn er nicht vorhanden ist, durch eine andere Kasperfigur oder ein anderes Tier ersetzt werden, da er eine Nebenrolle spielt.

Der Hase ist jedoch für die Handlung von Bedeutung und müsste, wenn er nicht vorhanden ist, selber hergestellt werden. Dazu gibt es mehrere Möglichkeiten (siehe „Verschiedene Methoden zur Puppenherstellung" S. 20 ff.). Zur Aufführung des Stückes sind 2 Puppenspieler nötig, da oft 3 Figuren zur gleichen Zeit auf der Bühne spielen.

Außer den Puppen sollte man sich noch Folgendes zurechtlegen: einen Malpinsel für den 1. Akt, für den 2. Akt einen kleinen Korb mit Watte- oder Schokoladeneiern, Pinsel und Farbe zum Anmalen von Gipseiern sowie einen Hexenbesen. Den Besen kann man selber herstellen, indem man am Ende eines Stockes oder Astes mehrere dünne Zweige oder Reisig durch Umwickeln befestigt.

Die Eier, die der Hase anmalt, sind zweckmäßigerweise aus Gips, da ausgeblasene Eier zu empfindlich sind.

Das Hexenbuch kann auch gut selber angefertigt werden.

Zu diesem Kasperlespiel ist nur ein Hintergrundbild notwendig. Es handelt sich dabei um eine Wiese oder einen Garten mit Hecke. Benutzt man das Bild eines Gartens, so kann die Hecke aus stabiler Pappe extra angefertigt und aufgeklebt werden. Ein Stück dieser Hecke sollte am vorderen Bühnenrand befestigt werden – gerade so viel, dass Kasper und Seppel sich dahinter verstecken können.

43

1. Akt

(Hintergrund ist im ganzen Stück eine Wiese mit Hecke.)

Hase: *(tanzt mit einem Pinsel und singt)*
Ich bin Knickohr, der lustige Hase,
ich bin Knickohr, der Fleißige.
Guten Tag Kinder. Ich bin der Hase Knickohr. Der fleißigste Osterhase weit und breit. Meine Ostereier sind überall bekannt – und beliebt. Lalalala, lalalalala,
lalalala, lalalala ...
Nanu, wo sind denn die Eier, die ich gerade angemalt habe? *(guckt sich um)* Vor einer Minute haben sie noch hier gelegen. Ich bin bloß weggegangen, um mir einen neuen Pinsel zu holen und – futsch sind sie. Das ist doch wirklich zum Weinen. Seit zwei Tagen geht das nun schon so. Immer, wenn ich einen Korb voll Eier fertig gemalt habe, verschwindet er. Wenn ich nur wüsste, wo sie geblieben sind! Was soll ich nur tun? In einer Woche ist Ostern. Dann warten die Kinder auf ihre Ostereier, und ich bin nicht fertig. Was werden die enttäuscht sein, wenn sie am Morgen ihre Nester suchen und nichts finden.

Hund: Nanu, Meister Knickohr! Warum machst du so ein trauriges Gesicht? Hat dir etwa wieder jemand die Eier gestohlen?

Hase: Ach Bimbo, es ist immer dasselbe. Ich habe schon gar keine Lust mehr, weiterzumalen.

Hund: Weißt du was? Geh doch einmal zum Kasper und frage ihn um Rat. Vielleicht kann er dir helfen.

Hase: Gut, ich kann es ja mal versuchen. Dann bringe ich gleich aus der Stadt neue Eierfarben mit. Wenn der Kasper auch nicht helfen kann, dann muss Ostern dieses Jahr ausfallen. *(ab)*

Hund: Der Ärmste, er tut mir richtig leid. Wenn ich nur wüsste, wer so gemein ist! *(knurrt)* Dabei gibt sich Meister Knickohr immer solche Mühe. Er ist der beste Maler, den ich kenne. Das wird ja ein trauriges Osterfest geben – ohne Eier. *(kopfschüttelnd ab)*

2. Akt

(Hase und Kasper kommen auf die Bühne. Man hört den Hasen schon vor dem Auftauchen reden.)

Hase: Ja, und dann waren die Eier plötzlich verschwunden. Genau wie gestern und vorgestern. Die ganze Arbeit war umsonst. – Siehst du, hier habe ich sie hingelegt!
(zeigt auf den Boden)

Kasper: Hmm, *(guckt sich um)* es ist nichts zu sehen. Hast du auch keine Fußspuren bemerkt oder sonst etwas?

Hase: Nein, nichts!

Kasper:	Das ist aber seltsam. – Da wird mir wohl nichts anderes übrig bleiben, als mich auf die Lauer zu legen. Du tust am besten, als ob ich gar nicht da wäre. Ich verstecke mich inter der Hecke und gucke, ob ich jemanden sehen kann. *(geht, kommt aber sofort wieder)* Halt, in den Korb legen wir am besten diese Watteeier. Sie sehen genauso aus, wie die echten. So, sonst hast du zu Ostern wirklich nichts mehr für die Kinder. – Und jetzt bin ich nicht mehr da. *(ab)*
Hase:	Ich soll so tun, als wäre der Kasper nicht da. – Was würde ich denn machen, wenn ich alleine wäre? – Ach ja, natürlich, Eier färben. *(Er malt Eier an und singt.)* Ich bin Knickohr, der lustige Hase, lalalala, lalala ... Ach zu dumm, jetzt habe ich die neue Eierfarbe im Haus gelassen. Ich hole sie schnell. *(ab)*
Hexe:	*(fliegt auf ihrem Besen heran und guckt sich um)* Oh, was sehen meine kugelrunden Hexenaugen, hihihihi. Der Korb ist ja schon wieder voll. Bravo lieber Osterhase, hihi-hi. Wisst ihr, Kinder, ich bringe die schönen bunten Eier in mein Hexenhaus, als Vorrat. Dann brauche ich mich nicht mehr ums Essen zu kümmern und habe immer etwas im Haus. Das ist ja so bequem. Außerdem sehen die Eier so hübsch aus, dass ich meine Freude daran habe. Wenn der Hase wüsste, für wen er die Eier färbt, hohoho! *(Sie nimmt den Korb.)* So, Besen, schnell zum Hexenhaus. Heute Abend holen wir uns die nächste Ladung. Huiiiiii! *(ab)*
Kasper:	Wenn ich das nicht mit eigenen Augen gesehen hätte, ich würde es nicht glauben. *(kommt hervor)* Die Hexe Höckerbein, so so so ...

Hase:	So, da ist die neue Farbe. Nanu, Kasper! Ich denke, du willst dich verstecken. Oooh, meine Ostereier sind schon wieder verschwunden! Wer sie bloß hat? Hmm, vielleicht der Räuber? Oder das Wildschwein?
Kasper:	Nein, die Hexe ist auf ihrem Besen hierher geritten und hat alle deine Eier mitgenommen.
Hase:	Was, die Hexe Höckerbein? Oh, wenn ich die erwische, die kann was erleben ...
Kasper:	Die erwischst du bestimmt nicht. Sie ist doch auf ihrem Besen gekommen. Den holst du nicht ein. Er ist schneller als jedes Auto.
Hase:	Aber was soll ich denn tun? Ich muss die Eier unbedingt wiederhaben. Hoffentlich hat sie noch nicht alle gegessen!
Kasper:	Das glaube ich nicht. Sie wollte sich einen Vorrat anlegen.
Hase:	Hach, ich wünsche ihr, dass sie von den vielen Eiern einen ganz dicken Bauch bekommt und platzt. Das hätte sie wirklich verdient. – Weißt du, wir müssten auch so einen Zauberbesen haben.
Kasper:	Besen, ... Besen – das ist eine Idee!
Hase:	Was?
Kasper:	Ja, der Besen! Wir müssen nur versuchen, den Besen zu bekommen. Dann können wir uns ins Hexenhaus bringen lassen und die Eier wieder holen.

47

Hase:	Aber wir haben den Besen doch gar nicht!
Kasper:	Pass auf: Du malst gleich noch ein paar Ostereier an. Wenn die Hexe nachher wiederkommt, um sie abzuholen, muss sie ja von ihrem Besen absteigen. Dann stürze ich aus meinem Versteck hervor und halte sie fest. Du musst dir den Besen schnappen und hinter dem Gebüsch verstecken. Ich bringe die Hexe in dein Haus und sperre sie ein, bis wir wieder da sind. Verstanden? Dann haben wir den Besen und holen deine Eier wieder.
Hase:	Kasper, du bist der Größte! Gut, dass ich auf Bimbo gehört habe.
Kasper:	Weißt du, was du zu tun hast?
Hase:	Zuerst Eier anmalen. Dann verstecke ich mich, und wenn die Hexe kommt, hole ich schnell den Besen und bringe ihn weg. Du sperrst die Hexe ein. – Gut?
Kasper:	Na, dann kann's ja losgehen. Ich helfe dir schnell beim Anmalen. *(Sie singen ein Lied und malen dabei.)* So, ich glaube, das genügt. Jetzt müssen wir uns verstecken, komm! *(verstecken sich)*
Hase:	*(Man sieht nur seinen Kopf.)* Da fällt mir noch etwas Wichtiges ein. Was machst du, wenn die Hexe dich verzaubert?
Kasper:	*(Man sieht ebenfalls nur den Kopf.)* Ich nehme ihr einfach das Hexenbuch weg. Dann kann sie nicht mehr hexen.

Pssst, ich glaube, da kommt sie angerauscht! *(Die Köpfe verschwinden wieder. – Die Hexe nähert sich dem Korb.)*

Hase: Ja, und sie steigt wirklich von ihrem Besen ab. Siehst du?

Kasper: Pssst, sei still! Sonst hört sie uns noch.

Hexe: Hihihi, der brave Hase Knickohr hat wieder schön für mich gearbeitet. Die Eier werden mir gut schmecken.

Kasper: Los, Meister Knickohr, jetzt! *(Sie stürzen aus ihrem Versteck hervor.)*

Hase: Ha, das hast du dir so gedacht, du Hexenbraten. Meine schönen Ostereier! *(Er schnappt sich den Besen und geht.)* So jetzt kannst du gucken, wie du nach Hause kommst.

Hexe: Halt, stehen bleiben! Das ist mein Besen! Sapperlot und Hexendreck, na warte ... *(will hinter dem Hasen her, aber Kasper hält sie zurück)*

Kasper: Stopp Früchtchen, jetzt hab' ich dich! So, zuerst nehme ich mir das Hexenbuch, damit du nichts mehr anstellen kannst.

Hexe: Was ist das? Lass mich los, lass mich in Ruhe, ooooooo mein Hexenbuch! *(versucht, Kasper das Buch wieder abzunehmen)*

Kasper: Ab mit dir! Ins Hasenhaus! Da wirst du schön auf uns warten, haha! Jetzt ist's vorbei mit dem Eierstehlen!

Hexe:	Ich verhexe dich auf der Stelle! Zapper ... dabber ... – knabber ... – wau nein, das stimmt nicht! Du sollst ein Regenwurm werden! Zapperdi ... zabberdu ...
Kasper:	Jetzt hat sich's erst mal ausgehext! Komm mit! *(zieht sie mit)* Ohne dein Hexenbuch kannst du das Hexen gleich aufgeben. *(Beide gehen ab. Kasper kommt zurück.)*
Kasper:	So, die Hexe Höckerbein ist eingesperrt. Da kann sie sich ruhig austoben. Es hört ihr doch keiner zu. Knickohr, du kannst jetzt kommen!
Hase:	*(kommt mit dem Besen)* Das hat ja prima geklappt. Jetzt können wir alle Eier wieder holen.
Kasper:	Und Ostern muss nicht ausfallen. Komm, steig mit auf den Besen. Mal sehen, ob er uns an die richtige Adresse bringt. *(Sie steigen auf.)* So, hopp hopp, ins Hexenhaus! *(Sie fliegen los.)*

3. Akt

(Kasper und der Hase kommen mit einem Korb voll Eiern auf die Bühne.)

Hase:	Da sind wir wieder. Die Hexe hatte tatsächlich die Eier alle zu Hause aufgestapelt. Gut, dass sie sie noch nicht gegessen hatte.
Kasper:	Ja, aber davon wäre ihr bestimmt schlecht geworden.

Hase: Was machen wir denn jetzt mit der ollen Hexe? Eigentlich hat sie ja eine Strafe verdient.

Kasper: Sie könnte dir doch gut dabei helfen, die Osternester zu verstecken. Dann hast du nicht so viel Arbeit.

Hase: Au ja fein, dann habe ich es dieses Jahr aber gut!

Kasper: Und hinterher muss sie zu Fuß nach Hause laufen. Den Besen und das Hexenbuch habe ich direkt im Hexenhaus gelassen, damit sie keinen Unfug damit machen kann.

Hase: Das wird ihr eine Lehre sein. Das nächste Mal überlegt sie es sich bestimmt, ob sie anderen Menschen etwas wegnehmen darf.

Kasper: Ich glaube, das wissen sogar schon die Kinder. Nicht wahr? Darf man einfach anderen etwas wegnehmen, ohne zu fragen? – Nein! – Na seht ihr. Noch nicht einmal, wenn man eine Hexe ist. – So, ich muss jetzt wieder nach Hause. Auf Wiedersehen, Meister Knickohr. Wenn du wieder einmal Hilfe brauchst, kannst du mich ruhig holen. Wenn ich kann, helfe ich dir gerne.

Hase: Auf Wiedersehen und vielen Dank. Ich bringe dir Ostern auch ein extra großes Osternest mit vielen bunten Eiern.

Seppel muss zum Zahnarzt

Puppenspiel in 2 Akten

◆ *Es spielen mit:*
Kasper
Seppel
Doktor Tutnichtweh

◆ *Requisiten:*
schmaler, länglicher Stoffstreifen
(um Seppels Kopf)
Zahnarztspiegel, Bohrer

◆ *Hintergrundbilder:*
1. Akt:
Wald
2. Akt:
Haus oder Einrichtung einer
Zahnarztpraxis

Spielhinweise

Bei diesem Spiel kann man sowohl mit zwei wie auch mit einem Spieler agieren.

Die Handpuppen Seppel und Kasper wird jeder Spieler in seinem Repertoire haben. Für den Doktor nimmt man eine Puppe ohne besondere Charakteristik, vielleicht den Räuber. Wenn er einen weißen Kittel bekommt, aus Krepppapier zurechtgeschnitten, und weiße Haare und buschige weiße Augenbrauen aus Watte, sehen die Kinder in ihm den Doktor. Den Zahnarztspiegel kann man leicht aus einem Zahnstocher und einem Stück Alufolie fertigen.

Für den Bohrer nimmt man einen dünnen Draht oder einen Faden als Kabel.

Die Vorbereitungsarbeiten sind also ohne besonderen Materialaufwand und in Kürze abgeschlossen.

Zu beachten ist, dass das Bohrergeräusch (der zweite Spieler macht es mit seinem Mund) nur ganz leise ist, damit man die Stimme des Doktors noch gut versteht und damit die Kinder durch ein unverhältnismäßig lautes Bohrergeräusch nicht verschreckt werden. Man kann das Geräusch auch ruhig ganz verstummen lassen, während der Doktor die Geschichte erzählt.

Die Kinder sind in diesem Moment ohnehin auf das Märchen fixiert.

Falls nur ein Spieler zur Verfügung steht, lässt man das Geräusch entfallen.

Wenn ein Spieler zwei verschiedene Puppen nachahmt, sollte er darauf achten, dass sich die beiden Tonfälle nicht vermischen. Das passiert im Eifer des Spieles sehr leicht.

53

1. Akt

(Hintergrund: Wald)

Kasper: *(betritt die Bühne und singt zu der Melodie von „Alle meine Entchen")*
Ja, der liebe Kasper ist jetzt wieder da,
ist jetzt wieder da,
und ich freue mich schon sehr,
und ich freue mich schon sehr,
auf das Spiel mit eu-heu-euch,
auf das Spiel mit euch.
Angst braucht man nicht zu haben,
es ist gar nicht so schlimm,
es ist gar nicht so schlimm.
Seppel lacht auch bald wieder,
Seppel lacht auch bald wieder,
ist erst mal die Füllung drin. Füllung drin,
ist erst mal die Füllung drin. Füllung drin.
Guten Tag, Kinder. Ist das heute ein schöner Tag! Da werde ich gleich mal zu meinem Freund Seppel gehen und ihn fragen, ob er mit auf den Spielplatz kommt. *(Er geht auf der Bühne hin und her und summt die Melodie des obigen Liedes.)*
So, da bin ich ja schon. Mal sehen, ob er zu Hause ist.
(Er klopft an.) Hm – nichts zu hören.
(Er klopft lauter und wartet.) Immer noch nichts. Sicher hat er wieder Bohnen in den Ohren. Kinder, sollen wir ihn mal alle zusammen ganz laut rufen?
Bei drei geht's los, ja? Also: eins – zwei – drei:
Seppel! Seppel!!

Seppel:	*(kommt auf die Bühne und jammert)* O jemine – oje, oje ...
Kasper:	Hallo, was machst du denn für ein Gesicht? Da kann's einem ja glatt die Petersilie verhageln!
Seppel:	Ach, Kasper. Mir geht's ja sooooo schlecht!
Kasper:	Was hast du denn?
Seppel:	Ich hab' ja sooolche Zahnschmerzen! Oje – oje, oh – oh, tut das weh ...
Kasper:	Na, dann geh doch zum Zahnarzt!
Seppel:	Zahnarzt? Nein! Nur das nicht. Oh, o weh ... Davor hab' ich doch solche Angst!
Kasper:	Aber, wenn du nicht zum Zahnarzt gehst, werden deine Schmerzen doch immer schlimmer!
Seppel:	Nein! Ich gehe nicht zum Zahnarzt. Ich habe Angst!! Dann nehme ich eben Tabletten gegen die Schmerzen – und dann spür' ich nix mehr.
Kasper:	*(schüttelt den Kopf)* Nein, nein. So geht das nicht. Lass mich mal in deinen Mund schauen.
Seppel:	A-aber nur gucken!
Kasper:	Natürlich! Lass mal sehen ... *(Er beugt sich leicht über Seppel.)* Auweia! Sapperlot und Baktuskrater! Kein

Wunder, dass du Schmerzen hast. Du hast ein ganz schönes Loch im Backenzahn. Sicher isst du zu viele Süßigkeiten. Oder putzt du dir etwa nicht die Zähne?

Seppel: *(gedehnt)* Hm – na, manchmal hab' ich keine Lust dazu. Und Süßes ist doch soooo lecker!

Kasper: Seppel, Seppel. Jedes Kind weiß doch, dass man sich regelmäßig morgens und abends die Zähne putzt, stimmt's, Kinder? Aber wenn nun schon mal ein Loch da ist, hilft nur eins: Du musst zum Zahnarzt gehen!

Seppel: Nein! Oh nein, lieber nicht. Es – es tut auf einmal gar nicht mehr weh.

Kasper: Papperlapapp. Keine Ausreden! Komm – ich gehe auch mit. Und unterwegs singen wir ein lustiges Lied, dann ist's nur noch halb so schlimm.
Komm ...*(Er zieht ihn an der Hand mit sich fort und singt nach der Anfangsmelodie.)*
Angst braucht man nicht zu haben,
es ist gar nicht so schlimm,
es ist gar nicht so schlimm.
Seppel lacht auch bald wieder,
ist erst mal die Füllung drin,
Seppel lacht auch bald wieder,
ist erst mal die Füllung drin.
(Sie gehen beide ab.)

2. Akt

(Hintergrund: Haus oder Praxiseinrichtung)
(Beide tauchen wieder auf der Bühne auf.)

Kasper: So, da sind wir ja schon beim Doktor Tutnichtweh.

Seppel: Au – weh! Aber es tut bestimmt weh. Ich habe Angst!

Kasper: Komm – halt meine Hand fest. Das gibt dir Kraft und Mut. So – nun gehen wir mal hinein.
(Sie verschwinden und tauchen an der anderen Seite der Bühne wieder auf.)
Da haben wir aber Glück. Das Wartezimmer ist ganz leer.

Seppel: Vielleicht ist der Doktor gar nicht da? Sollen wir nicht lieber gehen?

Kasper: Nix da. Kneifen gilt nicht. Wisst ihr was, Kinder? Wir rufen jetzt mal alle zusammen den Doktor Tutnichtweh. Doktor Tutnichtweh! Hm – vielleicht ist er schwerhörig? Noch mal, aber diesmal ganz, ganz laut. Doktor Tutnichtweh!!!

Doktor: *(betritt die Bühne)* Guten Tag, Kinder. Wem kann ich helfen?

Seppel: *(versteckt sich hinter dem Kasper)*

Kasper: Hier, meinem Freund, dem Seppel. *(Er schiebt ihn vor.)* Er hat schlimme Zahnschmerzen.

Doktor: Na, mein Junge: Dann setze dich mal auf den Stuhl hier.

Seppel:	Nein! Ich will nicht! Ich habe Angst!
Doktor:	Na, na. Ich tu' dir doch nichts. Komm, ich verspreche dir auch, ganz vorsichtig zu sein.
Seppel:	*(misstrauisch)* Ganz vorsichtig?
Doktor:	Genau.
Seppel:	Wirklich ganz, ganz vorsichtig?
Doktor:	*(betont)* Ja – ganz vorsichtig!
Seppel:	Na gut, dann setz ich mich mal. *(Er tut es.)*
Doktor:	*(beugt sich über ihn)* Jetzt mach mal ganz weit deinen Mund auf, damit ich die Stelle sehen kann, wo's dir weh-tut. Hier den kleinen Spiegel benutze ich nur, damit ich besser gucken kann. Du brauchst keine Angst zu haben. Ich tu' dir nicht weh.
Seppel:	Wirklich nicht?
Doktor:	Wirklich nicht!
Seppel:	Gut – bitte schön – mach' ich den Mund auf.
Doktor:	*(murmelt)* Ah ... soso ... hm ...
Kasper:	Was müssen Sie tun, Herr Doktor?

Doktor:	Tja – da bleibt mir nichts anderes übrig, als das Loch im Zahn auszubohren, damit es ganz sauber ist. Dann kommt eine Füllung in den Zahn – und alles ist wieder in Ordnung.
Seppel:	*(ängstlich)* Tut das Bohren weh?
Doktor:	Vielleicht ein bisschen. Du hättest früher zu mir kommen sollen, als das Loch noch ganz klein war. Dann hätte es gar nicht wehgetan. Nun musst du halt in den sauren Apfel beißen und es durchhalten. Es geht ja ganz schnell.
Kasper:	Ich halte deine Hand. Komm – du schaffst es schon. Sei tapfer!
Seppel:	Oh – ich hab' solche Angst!
Doktor:	Ich werde ganz vorsichtig sein, das hab ich dir ja versprochen. Wenn's wehtut, dann schreist du einfach. Dann weiß ich Bescheid. Aber ich muss es jetzt machen. Sonst wird das Loch immer größer und größer und der Zahn tut dir immer mehr weh. Also – los geht's. Kasper – reich mir mal bitte den Bohrer rüber. *(Kasper gibt ihm den Bohrer. Man hört leise das Geräusch des Bohrers.)*
Doktor:	Damit es dir nicht so langweilig ist, Seppel, erzähle ich dir währenddessen eine kurze Geschichte: Es war einmal ein kleiner Junge, der hatte nie Lust, sich die Zähne zu putzen. Da freuten sich die kleinen Bakterienmännchen Karius und Baktus. An seinen fauligen Zähnen konnten sie sich ordentlich satt essen und das Loch im Zahn immer größer machen.

59

Das tat dem kleinen Jungen sehr weh und voller Schmerzen lief er in den Wald und rief: „Ach wenn doch eine gute Fee käme und mir helfen würde! Ich würde mir von nun an auch immer die Zähne putzen!" Da leuchtete es auf einmal auf dem Waldboden, und vor ihm stand in einem goldglitzernden Kleid und mit wunderschönen, strahlendweißen Zähnen die gute Waldfee. Sie verzauberte Karius und Baktus in Zahnpasta, machte das Loch im Zahn mit ihrem Zauberstab sauber und füllte es, damit sich keine neuen Bakterien einschmuggeln konnten. Voller Freude bedankte sich der Junge – und hielt sein Versprechen. Von nun an putzte er sich jeden Tag zweimal die Zähne! So, Seppel, du kannst aufstehen. Du bist fertig.

Seppel: Waaas? Ich hab' ja gar nichts davon gemerkt!

Doktor: *(lacht)* Tja, der Bohrer, das ist eben mein Zauberstab. Du hast noch mal Glück gehabt! So schlimm war es gar nicht. Aber demnächst kommst du früher zu mir! Dann brauchst du erst gar keine Angst zu haben. Abgemacht?

Seppel: Ja! Ja, wenn das so leicht ist ... und wenn ich dabei auch noch so wunderschöne Geschichten erzählt bekomme ..., dann komme ich gerne wieder.

Kasper: Tut's denn nun gar nicht mehr weh?

Seppel: *(fühlt nach)* Nein – nein. Ich habe keine Schmerzen mehr! *(Er wirbelt mit Kasper im Kreis herum.)* Heidideldumm, heidideldeck, der Schmerz ist weg ... Vielen Dank, Herr Doktor Tutnichtweh.

Doktor:	Wiedersehen, Seppel.
Seppel:	Auf Wiedersehen.
Kasper:	Ja, tschüs dann. Komm, Seppel. Die Sonne scheint. Dann können wir jetzt ja doch noch auf den Spielplatz gehen.
Doktor:	Aber eine Stunde lang darfst du nichts essen, Seppel. So lange braucht die Füllung, bis sie richtig hart ist.
Seppel:	Ist gut. (*Er singt.*) Hart und fein – so muss es sein. Hin und her – keine Angst mehr ... Komm, Kasper. Wir spielen Nachlaufen bis zum Spielplatz. (*Er berührt ihn.*) Du bist ... (*Er geht ab.*)
Kasper:	Tschüss Kinder. (*Er winkt.*) Na, warte Seppel, Gleich hab' ich dich ... (*Er geht auch ab.*)
Doktor:	Na, Kinder: Hat euch unser Spiel gefallen? Wart ihr denn schon mal beim Zahnarzt? Habt ihr auch Angst? Dann denkt daran: Morgens und abends Zähneputzen nicht vergessen! Merkt ihr euch das? Prima! Vielleicht sehen wir uns ja hier bei mir mal wieder. Dann denke ich mir für euch eine schöne Geschichte aus, gut? So, tschüs dann, bis zum nächsten Mal! (*Er geht auch ab. Vorhang.*)

Seppel will nicht lesen lernen

Puppenspiel in 3 Akten

◆ *Es spielen mit:*
Kasper, Seppel
Gretel, Großmutter
◆ *Hintergrundbild:*
Wohnzimmer (im Vordergrund
Teppich und Sessel)

◆ *Requisiten*
1. Akt:
Schulheft
2. Akt:
Omas Strickzeug, Fernseh-
zeitung, Tageszeitung, Brille
3. Akt:
4 Kinokarten, 2 Plakate

Spielhinweise

Die Kasperlefiguren dieses Stückes sind sicher in jedem Puppenspiel vorhanden. Da überwiegend alle 4 Puppen gleichzeitig auf der Bühne sind, müssen mindestens 2 Puppenspieler vorhanden sein, um das Stück aufzuführen.

Am günstigsten ist die Aufteilung: 1. Spieler – Großmutter, Kasper; 2. Spieler – Seppel, Gretel. So stehen sich die jeweiligen Gesprächspartner gegenüber, und ihre Stimmen unterscheiden sich auf natürliche Weise. Das Spiel ist in 3 Akte eingeteilt, die jeweils im Wohnzimmer der Großmutter spielen. So genügt ein Hintergrundbild. Auf der vorderen Bühnenkante könnte noch ein Teppich befestigt werden, der zur Zuschauerseite hin etwas über den Rand herunterhängt. Dazu eignet sich ein dickeres Stoff- oder Wollstück.

Im 2. und 3. Akt muss für die Großmutter ein Sessel oder Stuhl am vorderen Bühnenrand befestigt werden, auf dem sie sitzen und stricken kann (siehe „Die Gestaltung des Vordergrundes", S. 16). – Der zeitliche Abstand zwischen den einzelnen Szenen wird jedem durch das Schließen des Vorhangs deutlich genug.

Nun zu den Requisiten: Als Kaspers Schulheft kann ein Vokabelheft dienen. Ist dieses nicht vorhanden, genügen einige gleich große Papierstücke, die aneinander geheftet werden. Das äußere Blatt sollte andersfarbig und im oberen Teil beschrieben sein.

Das Strickzeug der Großmutter kann man aus 2 Zahnstochern und etwas bunter Wolle herstellen. Mit möglichst dünnen Nadeln strickt man ein Läppchen von etwa 6 x 9 cm. Dann steckt man statt der Nadeln die Zahnstocher, die mit etwas Klebstoff bestrichen sind, durch die Maschen. Den Schlussfaden lässt man lang und wickelt daraus ein kleines Wollknäuel. Das letzte Fadenstück des Knäuels wird ebenfalls mit Klebstoff bestrichen, um ein Aufrollen zu verhindern. (Wenn man Strickstoff verwendet, muss das Knäuel separat gewickelt und der Faden angeknotet werden.) Das Strickzeug wird Häkel- oder Strickpuppen einfach durch die Maschen der Hand geschoben. Bei Stoffkleidung biegt man die Puppenhand um das Strickzeug und steckt es mit einer Nadel fest.

Die Fernseh- und Tageszeitung wird nach dem gleichen Prinzip angefertigt. Aus einer Programmzeitschrift sowie aus einer Zeitung werden gleich große Stücke ausgeschnitten und in der Mitte zusammengefaltet. Für die Fernsehzeitschrift werden diese so zusammengeheftet, -genäht oder -gebunden, dass außen ein vollständiges Bild zu sehen ist. – Die Zeitung wird nur an einer Stelle festgeklebt und dann zusammengerollt. Später, wenn Kasper daraus vorliest, wird sie wieder entrollt.

Die Brille der Großmutter formt man am besten aus Blumendraht. An den mit einem Pfeil gekennzeichneten Stellen wird ein kurzes Stück Draht zur Verstärkung um das Gestell gedreht.

Die Kinokarten kann man aus bunter Pappe oder aus Tonpapier zurechtschneiden und beschriften. Zum Schluss benötigt man noch 2 Pakete, in denen sich die Puppe und die Rollschuhe befinden sollen. Man umwickelt z. B. 1 leere Zahnpasta- und 1 leere Seifenschachtel mit Geschenk- bzw. Packpapier und bindet ein Stück Kordel so um, dass sie als Griff dient.

64

1. Akt

(Hintergrund: Wohnung)

Großmutter: Guten Tag, liebe Kinder, ja, da staunt ihr, was? Heute muss ich euch begrüßen. Der Kasper ist nämlich noch nicht zu Hause. Ihr wisst doch sicher, dass er zur Schule geht, oder? – Jaa, er ist schon im dritten Schuljahr und ein ganz fleißiger Schüler. Nur leider hat er jetzt nicht mehr so viel Zeit für euch, Kinder. Aber ihr wisst ja sicher selbst, wie das ist. Nachmittags müsst ihr sicher auch alle Hausaufgaben machen, oder? – Geht ihr auch so gerne in die Schule? – Aha! Könnt ihr denn schon alle lesen? Das ist ja fein. Wisst ihr, ich habe nämlich solche Sorgen mit dem Seppel. Alle Kinder freuen sich, wenn sie endlich lesen können. Nur der Seppel nicht. Er hat einfach keine Lust dazu. Habt ihr vielleicht eine Idee, was ich mit ihm machen soll? ... *(schüttelt bei jedem Vorschlag der Kinder den Kopf)* Ach, das habe ich alles schon ausprobiert. Es nützt einfach nichts. *(Sie blickt plötzlich zur Tür – oder zum Bühnenrand.)* Oh, ich glaube, meine Kinder kommen aus der Schule. Ich höre sie schon. *(Gretel, Seppel und Kasper stürmen herein.)*

Gretel: Hallo, Großmutter! *(Sie gibt ihr einen Kuss.)* Mensch, habe ich einen Hunger! Was gibt es denn Schönes zum Essen?

Kasper: *(schwenkt ein Schulheft)* Großmutter, guck mal! Wir haben ein Diktat zurückbekommen. Rate mal, was ich hab!

Großmutter: Na, wenn du so strahlst, bestimmt etwas Gutes.

Kasper: *(hüpft hin und her)* Eine 2! Ich habe nur einen ganz kleinen Fehler gemacht.

Seppel: *(steht abseits und lässt den Kopf hängen)*

Großmutter: Na prima! Dann kommt erst mal zum Essen!

Gretel: Der Seppel hat heute schon wieder eine 5 im Lesen gekriegt.

Seppel: *(frech)* Na und! Das geht dich gar nichts an! Außerdem ist das ja gar nicht so wichtig.

Kasper: Ach Gretel, lass den doch! Komm lieber mit in die Küche. *(zieht Gretel von der Bühne)*

Großmutter: *(nimmt den Seppel in den Arm)* Ach Junge, wie soll das mit dir nur weitergehen? Hast du denn nie Lust, ein spannendes Buch zu lesen? Wie andere Kinder in deinem Alter?

Seppel: Nöööö! Das ist doch furchtbar langweilig. Wozu auch? Ich höre viel lieber Radio oder Kassetten! Und noch lieber gucke ich Fernsehen. Das Programm könnt ihr mir ja schließlich vorlesen.
(ab)

Großmutter: Hört euch das an, Kinder. Was sagt ihr dazu? – Ja, ihr habt ja recht. Vielleicht geschieht eines Tages doch noch ein Wunder, und der Seppel sieht es doch ein. *(kopfschüttelnd ab)*

2. Akt

(Hintergrund: Wohnung) (Die Großmutter sitzt im Sessel und strickt; Seppel kommt herein.)

Seppel: Du, Großmutter, der Fritz hat gesagt, gleich kommt ein toller Abenteuerfilm im Fernsehen. Kannst du mal eben nachgucken, wann der anfängt?

Großmutter: Ach Seppel, ich muss erst noch das Muster zu Ende stricken. Versuch es doch mal alleine. Du bist doch schließlich schon im dritten Schuljahr.

Seppel: *(holt die Zeitung und blättert darin)* Hmm, was steht denn hier? *(zeigt mit dem Finger auf das Blatt)* Beee, nein Seee, – Ses, – Semos, – was? Se – sam, aha! Das heißt bestimmt Sesamstraße. Aber die will ich ja gar nicht gucken. Ich bin doch kein kleines Kind mehr. – Großmutter, hilf mir doch bitte mal!

Großmutter: *(seufzt)* Na gut, dann hole mir mal meine Lesebrille.

Seppel: *(dreht sich um, kommt aber wieder zurück)* Duu, Oma? Weißt du, wir waren heute Nachmittag auf dem Spielplatz. Da ist eine ganz tolle Rollschuhbahn – und fast alle Kinder aus unserer Klasse haben Rollschuhe.

Großmutter: Und jetzt möchtest du auch Rollschuhe haben?

67

Seppel: *(nickt mit dem Kopf)* Hmhm!

Großmutter: Ach Junge, du weißt doch, dass ich nicht so viel Geld habe. Dauernd braucht ihr etwas Neues zum Anziehen, und die Schule ist auch nicht gerade billig. – Tja, es tut mir ja Leid, aber da müssen die Rollschuhe eben noch warten. Der Kasper und die Gretel haben auch noch keine. – So, und jetzt lauf' und hol' meine Brille!

Seppel: *(langsam ab, Großmutter strickt weiter; Seppel kommt wieder.)* Ich kann sie weder in der Küche noch im Schlafzimmer finden. Vielleicht liegt sie hier irgendwo.

Großmutter: Ojeoje, wo habe ich sie denn nun schon wieder liegen lassen? Wenn ich doch nur nicht so vergesslich wäre! *(Kasper und Gretel stürmen herein.)*

Kasper: Oma, Oma, hast du schon die Zeitung gelesen?

Großmutter: Nein, ich kann meine Brille nicht finden.

Gretel: Oh, die habe ich heute morgen im Badezimmer gesehen. Ich hole sie schnell.

Kasper: *(schwenkt die Zeitschrift)* Ein Lesewettbewerb! Mit ganz tollen Preisen!

Großmutter: Was? Erzähl' doch mal!

Kasper: Hör zu, hier steht: *(rollt die Zeitschrift auseinander und liest vor)* Kinder vom 1. bis zum 4. Schuljahr sind herzlich zu unserem diesjährigen Lesewettbewerb im alten Schloss eingeladen. Den Gewinnern winken Preise wie Bücher, Spiele, ein Fahrrad, Rollschuhe, Puppen und viele andere. Wer mitmachen möchte, soll sich in zwei Wochen um 15 Uhr einfinden. Es lohnt sich bestimmt.

Gretel: *(kommt während der letzten Worte mit der Brille und reicht sie der Großmutter)* Ist das nicht toll? Wir machen natürlich mit! Vielleicht gewinnen wir etwas Schönes!

Seppel: *(hatte bei der Nennung der Preise aufgehorcht)* Kasper, habe ich richtig gehört? Gibt es da auch Rollschuhe zu gewinnen? Die hab' ich mir schon immer gewünscht. Ob ich da wohl auch mitmachen kann?

Großmutter: Na, ich weiß nicht. Da muss man gut lesen können.

Kasper: Duuu? – Kinder, was meint ihr? Ob der Seppel das schafft – nein, ich glaube es auch nicht. Er ist doch viel zu faul zum Lesen.

Gretel: Kasper, komm' mit! Wir müssen üben! *(beide ab)*

Großmutter: Na so was, jetzt habe ich bei der Aufregung ganz meinen Kuchen vergessen. Ich muss schnell in die Küche. *(ab)*

Seppel: Was? Ich soll das nicht schaffen? Pah, ihr werdet euch noch wundern. Zwei Wochen sind eine lange Zeit. Da kann ich jeden Tag üben. *(geht langsam ab und murmelt dabei immer leiser werdend)* Wo habe ich denn nur mein Lesebuch? Ich brauche es doch zum Üben ...

3. Akt

(Hintergrund: Wohnung)

Großmutter: *(strickt)* Ich bin ja so neugierig. Heute ist der große Tag. Alle meine Kinder sind zum Lesewettbewerb gegangen. Sogar der Seppel. Er wollte unbedingt mit. Ich möchte bloß mal wissen, warum. Er wird wohl zuschauen wollen. – Wo bleiben sie denn nur? Jetzt sind sie schon zwei Stunden weg. Ob sie wohl etwas gewinnen? Was meint ihr, Kinder? – Ach seht mal, da hinten kommt der Kasper schon angerannt als wäre der Teufel hinter ihm her.

Kasper: *(kommt keuchend und nach Atem ringend auf die Bühne; eine Hand versteckt er hinter dem Rücken.)* Großmutter! Kinder! Ratet mal, was ich gewonnen habe?

Großmutter: Wir können es ja doch nicht erraten. Sag' es uns doch!

Kasper: *(zieht die Hand mit den vier Kinokarten hinter dem Rücken hervor)* Stellt euch vor: 4 Freikarten fürs Kino! *(umarmt die Großmutter)* Da kann ich euch am Sonntag alle einladen.

Großmutter: Das ist aber prima! Da freue ich mich! Zeig mal her!

Gretel: *(tritt mit Seppel zusammen auf, jeder hat ein Paket im Arm.)* Aber wenn du erst mal hörst, was ich gewonnen habe, da wirst du staunen!

Gretel: Eine Puppe, mit vielen verschiedenen Kleidern! Sie hat sogar echtes Haar, das man kämmen kann!

Kasper: Jetzt kommt aber erst die größte Überraschung! Rate doch mal, wer die Rollschuhe gewonnen hat? *(Alle gucken Seppel an, der verlegen zu Boden sieht.)*

Großmutter: Doch nicht etwa ... *(zweifelnd)* du?

Seppel: *(nickt)*

Großmutter: *(nimmt ihn in die Arme)* Das ist die größte Freude, die du mir jemals gemacht hast. – Aber wie hast du das nur geschafft? Es ist doch fast nicht möglich. *(Sie löst sich von ihm.)* Ich kann es noch gar nicht glauben.

Seppel: Hast du dich denn nicht gewundert, weil ich gar nicht mehr draußen gespielt habe? Ich habe jede freie Minute in meinem Zimmer gesessen und Lesen geübt. Und wie du siehst, kann ich es jetzt.

Gretel: Jetzt brauchen wir dir wenigstens nicht mehr vorzulesen, was im Fernsehen kommt.

Seppel: Und ich kann mir endlich die vielen schönen Bücher aus der Schulbücherei leihen. Eigentlich wollte ich das ja immer schon gerne.

Großmutter: Dann kannst du mir ja jetzt auch mal was aus der Zeitung vorlesen.

Gretel: Ja, und Bastelanleitungen für Modellflugzeuge lesen!

Großmutter: So, nach diesen schöne Überraschungen habe ich aber auch eine Überraschung für euch. Sie steht in der Küche.

Kasper: *(schnuppert)* Hmm, es riecht so nach ... Pflaumenkuchen mit Schlagsahne!

Großmutter: *(nickt)* Ja, richtig geraten. Den habt ihr euch heute ja auch redlich verdient. Und dazu gibt es ...

Kasper, Gretel
und Seppel: *(zusammen)* ... heißen Kakao?

Großmutter: Jawohl!

Kasper, Gretel
und Seppel: Hmmm, lecker! Das lassen wir uns nicht entgehen. Los, ab in die Küche! *(ab)*

Großmutter: Halt, die Kinder ...! – Sie hören nichts mehr. Ja, Kinder, ich habe euch heute begrüßt. Jetzt muss ich euch auch wieder verabschieden. Nehmt es dem Kasper nicht übel, aber ich glaube, er hat euch vor lauter Freude ganz vergessen. Was sagt ihr zu dem Seppel? Hättet ihr das gedacht? – Nein, ich auch nicht. Dieser Teufelskerl! Er hat uns ganz schön an der Nase herumgeführt, nicht wahr? Aber mir ist ein Stein vom Herzen gefallen. – Hoffentlich klappt bei euch in der Schule auch immer alles so, wie ihr euch das wünscht. – So, ich werde jetzt in der Küche nach dem Rechten sehen. Auf Wiedersehen Kinder, bis zum nächsten Mal! *(Während sie von der Bühne geht, wird der Vorhang geschlossen.)*

Gretel wird entführt

Puppenspiel in 4 Akten

◆ *Es spielen mit:*
Lucki Luchs
Kasper
Seppel
Gretel
Räuber
◆ *Hintergrundbilder:*
Verkehrsreiche Straße
Räuberhaus im Wald

◆ *Requisiten:*
1. Akt:
Ball mit Netz, Spielzeugauto,
Pappauto
4. Akt:
Ampel, 2 Zimbeln oder Becken,
das Auto aus dem 1. Akt, Kordel

Spielhinweise

Die Kasperpuppen zu diesem Stück sind sicherlich bis auf die Figur „Lucki Luchs" vorhanden. Diese ist als spezielle Verkehrskasperpuppe vom Ministerium des Landes Nordrhein-Westfalen entworfen worden. Sie kann durch irgendeine beliebige andere männliche Puppe ersetzt werden. Man könnte dem König oder dem Zauberer die Kopfbedeckung abnehmen und die Kleidung verändern, vielleicht setzt man der Puppe noch einen Hut auf, und schon ist der Onkel aus der Stadt fertig.

Da in diesem Stück oft 3–4 Puppen gleichzeitig auftreten, sind mindestens 2 Puppenspieler nötig. Zusätzlich sollte 1 Person die jeweiligen Veränderung der Kulisse und die Bedienung des Tonbands übernehmen.

Zur Aufteilung der Puppen bietet sich an:

1. Spieler – Kasper, Gretel; 2. Spieler – Lucki Luchs, Seppel, Räuber. So braucht jeder Spieler überwiegend nur 1 Hand zum Spielen. Die andere wird dann zeitweise dazugenommen. Das erleichtert die Arbeit.

Für die 4 Akte dieses Stückes benötigt man 2 Hintergrundbilder: Die stark befahrene Straße. Fertigen Sie das Bild wie in „Die Herstellung der Hintergrundbilder" beschrieben an. Wichtig ist, viel Verkehr! Man sieht auch noch die andere Straßenseite mit einer beliebigen Häuserreihe. Auf dem Bild könnte noch eine Kreuzung und eine Verkehrsinsel zu sehen sein. Auf jeden fall sollten eine Ampelanlage und ein Zebrastreifen nicht fehlen. Die Fahrzeuge – ob Autos, Busse, Straßenbahnen oder Zweiräder bleiben Ihrer Fantasie überlassen. Sollten genügend Puppenspieler zur Verfügung stehen, könnte einer mehrere Fahrzeuge, die an Pappstreifen befestigt sind (siehe „Die Gestaltung des Vordergrundes"), auf der gemalten Straße hin- und herbewegen und dazu Straßengeräusche vom Kassettenrekorder abspielen lassen.

Am Ende des 1. Aktes kommt der Räuber im Auto auf die Bühne. Dazu schiebt man ein Pappauto (an einem Streifen befestigt), am vorderen Bühnenrand vorbei. Dahinter hält man den Räuber so, dass die Zuschauer seinen Kopf durch das Autofenster sehen. Als 2. Bild im 3. Akt kann man den Wald verwenden. Ein Räuberhaus wird separat gemalt, ausgeschnitten und mit Klebeband auf den Wald geklebt. Einige Bäume und Büsche werden am vorderen Bühnenrand befestigt. Dahinter können sich am Anfang der Szene Kasper und Lucki Luchs verstecken. Die Requisiten sind leicht zu beschaffen. Man benötigt einen kleinen, leichten Ball in der Größe eines Tennisballes sowie ein dazu passendes Tragenetz. Wer gut häkeln kann, stellt das Netz selbst her; sonst genügt auch ein Stück von einem Apfelsinen- oder Vogelfutternetz. Am anderen Netzrand wird ein Faden zum Zubinden durchgezogen.

Seppel erhält ein Kinderspielzeugauto. Es sollte so klein sein, dass er es gut in die Hand nehmen kann.

Für den Räuber benötigt man ein Auto, das aus dicker Pappe ausgeschnitten, angemalt und an einem Pappstreifen befestigt wird. Die Fahrzeugform ist beliebig.

Im 4. Akt brauchen Sie eine Ampel. Dazu bekleben Sie z. B. eine leere Zahnpastaschachtel grün, kleben 3 Kreise auf und malen den oberen Kreis rot an. Möchte man eine funktionstüchtige Ampel haben, werden in die Schachtel 3 gleich große Löcher geschnitten. Dazu passend fertigt man 3 Streifen an, auf die an der entsprechenden Stelle ein roter, blauer oder gelber Kreis gemalt wird. So kann jeweils der passende Streifen eingeschoben werden.

Zur Erzeugung des Lärms, der bei dem Unfall im 4. Akt entsteht, eignen sich besonders gut 2 Zimbeln oder Becken, die aneinandergeschlagen werden. Natürlich kann man auch Lärm mit Blech, Besteck, Dosen oder Ähnlichem erzeugen. (Ersatzweise können die Geräusche von einer Kassette abgespielt werden.)

Zum Schluss ist noch ein Stück Kordel nötig, mit dem der Räuber gefesselt wird. Am besten wickelt man den Räuber schon vor Beginn des letzten Aktes ein, wenn der Vorhang noch geschlossen ist. Am Anfang der Szene sieht man vom Räuber nur den Kopf, da er im Auto sitzt, und zum Schluss braucht man sich nicht so zu beeilen, wenn der Räuber gefesselt auf die Bühne gebracht werden soll.

Dieses Kasperstück soll den Kindern bestimmte Verhaltensregeln im Straßenverkehr vermitteln, ohne jedoch belehrend oder mahnend zu wirken. Es werden nur einige Regeln angesprochen, die durch Wiederholungen verstärkt werden:
1. Gefahrenbewusstsein wecken;
2. richtiges Verhalten auf dem Gehweg;
3. Bedeutung der Lichtsignale und Verhalten an der Ampel;
4. auf der Straße keinen fremden Menschen folgen.

Um den gewünschten Lerneffekt zu erzielen, ist es besonders wichtig, die Zurufe der Kinder zu beachten und aufzugreifen. Sind die einzelnen Beiträge der Kinder richtig, sollen sie noch einmal hervorgehoben und verstärkt werden. Sind einige Beiträge falsch, sollten auch sie hervorgehoben, aber berichtigt werden. Durch diese stetige Wiederholung prägen sich die Inhalte besonders gut ein, und es bleiben keine falschen Aussagen im Raum stehen.

1. Akt

(Hintergrund: Straße)

Kasper: *(singt)* Aus dem bunten Kasperhaus schaut es lustig, keck
heraus: *(Man sieht Kaspers Nase am Bühnenrand.)*
erst die Nasenspitze,
(Man sieht seine Mütze.)
dann die Zipfelmütze.
Ob ihr wisst, wer das ist ...?
(Kasper erscheint ganz.)
Ja, der Kasper! Guten Tag liebe Kinder. – Oh, heute sind
aber wieder viele von euch gekommen. Das Dumme ist
nur – ich habe leider gar nicht viel Zeit, weil ich mit dem
Seppel und meinem Onkel verabredet bin. Wir wollen
die Gretel vom Kindergarten abholen, und danach geht
Onkel Lucki mit uns zum Spielplatz. Toll, was? Aber
wenn ihr wollt, könnt ihr ja mitkommen. Habt ihr Lust?
– Gut. Dann rufen wir am besten alle zusammen den
Seppel. Ganz laut, damit die Schlafmütze uns auch hört.
Also: eins – zwei – drei – Seppel, Seeepeeel!

Seppel: *(läuft herbei)* Ich komm' ja schon. Ich musste nur noch
schnell mein Spielzeugauto holen. Hast du an deinen Ball
gedacht?

Kasper: Mein Onkel bringt ihn gleich mit. Wo bleibt er nur?

Seppel: Weißt du, ich finde es ganz toll, dass du einen Onkel in der Stadt hast. Wie heißt er noch mal?

Kasper: Lucki Luchs! Er ist wirklich prima. – Ach, da kommt er ja.

Lucki L.:   Guten Tag Jungens, seid ihr fertig?

Seppel: Ja!

Lucki L.:   Kasper, hier ist dein Ball.

Kasper: Danke. Aber zuerst müssen wir noch die Gretel abholen. Das haben wir ihr versprochen.
(Alle singen zur Melodie: Eine Seefahrt, die ist lustig ...)
Seht den Kasper und den Seppel, Lucki Luchs ist auch dabei. Alle freu'n sich und sind gerne bei dem Kasperspiel dabei. Holla-hi, holla-ho, holla ...

Kasper: Onkel Lucki, warte mal. Ich kenne eine Abkürzung. Dann müssen wir nur hier über die große Straße, bis zur Kreuzung und an der Verkehrsinsel abbiegen. Schon sind wir da.

Lucki L.:   Aber Kasper! Du müsstest doch eigentlich wissen, dass man nicht so einfach über die Straße laufen kann. Nicht wahr, Kinder? Das muss er doch!

Seppel: Ooch, die Autos warten schon.

Lucki L.:   Seppel, Seppel, die Autos können doch gar nicht so schnell bremsen. Außerdem gibt es extra Ampeln und Zebrastreifen. Hast du das noch nicht gemerkt?

Seppel:	Jaaa, die Ampeln kenne ich. Wenn Grün ist, muss man stehen bleiben, wenn Rot ist, darf man gehen. Stimmt's, Kinder?
Lucki L.:	Hört euch das an, Kinder! Ein Glück, dass ihr es besser wisst, oder? *(Die Kinder antworten)* Genau! Es ist nämlich gerade umgekehrt!
Seppel:	Ach sooo. Umgekehrt.
Lucki L.:	Das musst du dir aber merken, Seppel. Das ist wichtig. – Wir gehen am besten so weit wie möglich auf dem Bürgersteig. Auch wenn es etwas länger dauert. Es ist sicherer für uns.
Kasper:	Na gut. Aber dann können wir ja unterwegs schon mal mit dem Ball spielen. Auf dem Bürgersteig fahren ja keine Autos.
Lucki L.:	Ich muss mich aber schon sehr wundern. Was meint ihr wohl, was passiert, wenn der Ball auf die Straße rollt?
Seppel:	Dann holen wir ihn uns eben wieder!
Lucki L.:	Ach du grüne Neune, was euch alles einfällt! Wenn ihr hinter dem Ball herlauft, achtet ihr doch sicher nicht mehr auf die Autos. Und dann ...
Kasper:	... landen wir im Krankenhaus.
Lucki L.:	Am besten steckt ihr den Ball hier in das Netz, bis wir auf dem Spielplatz sind. Dann kann er nicht wegrollen. *(steckt ihn in ein Ballnetz)*

Seppel:	Das ist aber langweilig. Man darf nicht auf der Straße gehen, man darf nicht auf dem Bürgersteig Ball spielen und muss weite Wege gehen, bis zu einer Ampel. – Aber angefahren werden will ich schließlich auch nicht.
Kasper:	Genau! – Guck mal, da hinten kommt uns die Gretel schon entgegen. Greetel, Huhu! Haalloo! *(Sie winken.)*
Gretel:	*(kommt näher)* Hallo! – Guten Tag, Onkel Lucki.
Lucki L.:	Guten Tag, Gretel, war's schön im Kindergarten?
Gretel:	Ja, aber es war ganz schön anstrengend. Wir haben Wettläufe gemacht. Ich bin richtig müde.
Seppel:	O ja, Wettlaufen! Das ist eine gute Idee! Kommt, wer ist zuerst am Spielplatz? Es ist ja nicht mehr weit.
Kasper:	Machst du mit, Onkel Lucki?
Lucki L.:	Sicher, du auch, Gretel?
Gretel:	Nöö, lauft ruhig ohne mich. Ich kenne den Weg ja. Ich komme dann langsam hinterher.
Kasper:	Gut, bis gleich! *(Sie laufen los, und Gretel bleibt allein.)*
Gretel:	*(summt ein beliebiges Kindergartenlied)*
Räuber:	*(fährt mit seinem Auto heran und hält bei Gretel)* Guten Tag, kleines Fräulein. Wie heißt du denn?

Gretel:	Ich? Ich bin die Gretel.
Räuber:	Oh, Gretel! Das ist aber ein hübscher Name! Sind dir deine Freunde gerade davongelaufen?
Gretel:	Nein, nein. Ich bin nur zu müde zum Laufen. Ich gehe lieber langsam.
Räuber:	Weißt du was, ich fahre in die gleiche Richtung. Steig' doch ein und fahr' mit. Dann kannst du auch gleich mal die leckeren Bonbons probieren, die ich gerade gekauft habe.
Gretel:	Au ja, gerne. Dann bin ich noch eher da, als die anderen. Die werden Augen machen. *(Sie steigt ein. Während das Auto von der Bühne fährt, hört man die Stimme des Räubers.)*
Räuber:	Hohoho, das hat ja prima geklappt. Ich bin wirklich der beste Räuber weit und breit. Hahaha ...

2. Akt

(Kasper, Seppel und Lucki Luchs kommen zurück)

Kasper:	Das ist aber sonderbar! Wo bleibt die Gretel nur? Sie ist immer noch nicht angekommen. Kinder, habt ihr sie vielleicht gesehen? – Was? Sie ist mit dem Räuber mitgefahren? Ach herrjemine! Wie sah das Auto denn aus? Habt ihr euch die Farbe gemerkt? – Seid ihr auch sicher, dass es der Räuber war?

Lucki L.:	Die dumme Gretel! Das weiß doch jedes Kind, dass man nicht einfach mit fremden Leuten mitfahren darf. Habe ich recht, Kinder? Was meint ihr?
Kasper:	Sicher hat der Räuber sie in sein Räuberhaus mitgenommen und hält sie dort gefangen.
Seppel:	Ja, und die arme Gretel muss dort für den abscheulichen Räuber arbeiten.
Lucki L.:	Das kommt davon.
Kasper:	Aber wir müssen ihr doch irgendwie helfen!
Lucki L.:	Am besten geht einer von uns zur Polizei und gibt eine Suchmeldung auf. Dann wird die ganze Stadt nach der Gretel durchsucht.
Seppel:	Und was machen die anderen?
Kasper:	Die anderen schleichen sich zum Räuberhaus und gucken nach, ob die Gretel wirklich da ist. Vielleicht können wir sie befreien.
Seppel:	O nein, da gehe ich lieber zur Polizei. Das ist wenigstens ungefährlich. – Tschüs, bis nachher.
Lucki L.:	Und pass auf, wenn du über die Straße gehst.
Seppel:	Ja, ja, jetzt weiß ich es. Bei Rot muss ich stehen bleiben. *(Er geht ab.)*

Kasper:	So, Onkel Lucki, auf ins Räuberhaus! *(Sie gehen an der anderen Seite von der Bühne.)*

3. Akt

(Hintergrund: Wald und Räuberhaus)

Gretel:	Ojeojeoje, wär' ich doch bloß nicht mitgefahren! Jetzt muss ich hier für den Räuber arbeiten. Was soll bloß aus mir werden?
Räuber:	Hast du schon das Haus geputzt? Dann hol' jetzt Wasser, ich will baden. Danach kannst du meine Strümpfe stopfen. Aber ein bisschen dalli, wenn ich bitten darf. Ich habe noch viel Arbeit für dich, hoho. So, ich setze nur schnell mein Auto in die Garage, dann komme ich wieder. *(Er geht ab.)*
Gretel:	Was soll ich denn noch alles tun? Und Hunger habe ich auch langsam. *(schluchzt leise)*
Kasper und Lucki L.:	Pssst, hallo Gretel! Wir sind's!
Gretel:	Huch! Wo kommt ihr denn her? Woher wusstet ihr, dass ich hier bin?

Kasper:	*(kommt hervor)* Die Kinder haben uns geholfen. Sonst würden wir jetzt bestimmt noch nach dir suchen.
Lucki L.:	*(kommt hervor)* Wie konntest du nur in ein fremdes Auto steigen?
Gretel:	*(seufzt)* Ich weiß, ich weiß. Ich will es auch nie wieder tun.
Kasper:	Psst, ich höre Schritte! Gretel, komm schnell mit uns – bevor der Räuber wiederkommt.
Gretel:	Ja, nichts wie weg hier! *(Sie gehen ab.)*
Räuber:	*(erscheint)* Nanu, wo ist denn die Gretel geblieben? Gretel! – Greeeteeel! – Keine Antwort. Ob sie etwa versucht, mir davonzulaufen? Aber alleine verirrt sie sich sowieso in dem großen dunklen Wald. Am besten fahre ich gleich los und suche sie. Weit kann sie ja noch nicht sein. *(ab)*

4. Akt

(Hintergrund: Straße)
(Kasper, Gretel und Lucki Luchs tauchen auf.)

Lucki L.:	Das ist ja gerade noch einmal gut gegangen.
Kasper:	Was für ein Glück, dass du mit warst, Onkel Lucki! Ich hätte mir den Weg durch den Wald nie merken können.

Gretel:	Was wir heute schon alles gelernt haben. Du musst öfter zu Besuch kommen, Onkel Lucki!
Lucki L.:	Na ja, die Hauptsache ist, ihr vergesst nicht gleich alles wieder.
Kasper u. Gretel:	Nein, bestimmt nicht. *(Sie kommen zu einer Ampel und sehen das Auto des Räubers bei Rot durchfahren.)*
Gretel:	Guck mal, Onkel Lucki! Das Auto ist einfach bei Rot durchgefahren.
Lucki L.:	Wenn da bloß nichts passiert! *(Man hört einen lauten Krach – zwei Becken werden aneinander geschlagen.)*
Kasper:	Da hat es schon geknallt! Kommt schnell mit, wir gucken nach, was da passiert ist! *(Alle drei laufen von der Bühne.) Kurze Zeit später (Lucki Luchs und Kasper bringen den Räuber gefesselt mit auf die Bühne.)*
Gretel:	Stellt euch vor, Kinder – wir haben den Räuber gefangen!
Kasper:	Ja, er saß in dem Auto, das wir gesehen haben. Weil er unbedingt die Gretel wiederfinden wollte, hat er die rote Ampel nicht beachtet und ist mit einem anderen Auto zusammengestoßen.
Räuber:	Ojemine, ojemine! Warum muss ich nur so ein Pech haben? Die Gretel ist futsch und mein schönes Auto ist kaputt! Ich kann es wegschmeißen, und ihr seid daran schuld!

Lucki L.: Sei froh, dass dir nicht noch mehr passiert ist. Du bist ja diesmal noch mit einem blauen Auge davongekommen. Jetzt geht's aber ab zur Polizei!

Kasper: Der Seppel wartet bestimmt schon auf uns.

Gretel: Ja. Der wird vielleicht Augen machen, wenn er hört, was wir erlebt haben.

Lucki L.: So Kinder, kommt! Für heute gab's genug Aufregung.

Kasper: Tschüs, Kinder! Und vielen Dank für eure Hilfe. Ohne euch hätten wir die Gretel bestimmt nicht so schnell gefunden. Hoffentlich hat es euch Spaß gemacht. Wenn ihr gut aufgepasst habt, dann wisst ihr bestimmt auch, wie ihr euch auf der Straße verhalten müsst. Nicht wahr? So, dann bis zum nächsten Mal. – Tschüs!
(Alle singen nach der Melodie des Liedes, das auf der „Hotzenplotzkassette" gespielt wird.)
Ein Räuber hält sich gut versteckt,
rum bumbumbumbumbumbum,
bis er etwas zum Raub entdeckt,
rum bumbumbumbumbumbum,
Dann springt er plötzlich schnell hervor,
rum bumbumbumbumbumbum, und – schwupps – hat er dich schon am Ohr, rum bumbumbumbumbumbum!
Der Hotzenplotz, der Hotzenplotz nimmt alles, was ihm gefällt. Der Hotzenplotz, der Hotzenplotz nimmt alles, und eines Tages klaut er noch die Welt. *(Am Anfang des Liedes tanzen die Figuren dazu, während der zweiten Hälfte ziehen sie langsam ab.)*

Kasper ist krank

Puppenspiel in 4 Akten

◆ *Es spielen mit:*
**Kasper, Seppel, Großmutter,
Gretel, Apotheker, Doktor**
◆ *Requisiten:*
1. Akt:
Zettel, Geldbeutel
2. Akt:
**Zettel, Geldschein (10 Euro),
kleine Flasche**
3. Akt:
Flasche

◆ *Hintergrundbilder:*
1. Akt:
geschlossener Vorhang
2. Akt:
Apotheke oder Geschäft
3. Akt:
geschlossener Vorhang
4. Akt:
Vorhang

Spielhinweise

In diesem Stück kommen außer den üblichen Figuren
noch der Apotheker und der Doktor vor. Dazu kann man
je eine männliche Figur benutzen, beispielsweise König,
Prinz oder Jäger, der man die Kopfbedeckung abnimmt
und sie folgendermaßen verwandelt: Der Apotheker
erhält eine bunte Schürze aus Stoffresten und eine Brille,
die man leicht aus Blumendraht zurechtbiegen kann. Für
den Doktor benötigt man eine weiße Schürze oder einen
weißen Umhang und eine Doktortasche.
Zwei Puppenspieler können die Puppen wie folgt unter
sich aufteilen: 1. Spieler: Seppel, Doktor. 2. Spieler: Großmutter, Apotheker, Gretel.

Es ist auch möglich, das Stück nur mit einem
Puppenspieler aufzuführen, da meistens nur zwei Figuren
gleichzeitig spielen. Eine Ausnahme bildet der 3. Akt, in
dem der Seppel jedoch schon bewegungslos auf der
Bühne liegt, wenn der Doktor auftritt. Er braucht auch für
den Rest der Szene nicht mehr bewegt zu werden und
wird am Schluss ohnehin von den beiden anderen
Figuren von der Bühne gezogen oder getragen.

Hintergrundbilder werden für das Stück kaum
benötigt. Wer den Hintergrund für ein Geschäft besitzt,
kann diesen im 2. Akt einsetzen. Ebenso im 4. Akt die
Wohnung der Großmutter. Genauso gut kann aber auch
alles vor geschlossenem Vorhang gespielt werden.

Als Requisiten benötigt man ein Stück Papier, auf das
einige große Buchstaben geschrieben werden können. Als
Geldbörse dient ein Kinderportemonnaie. Wer keinen ech-
ten 10-Euro-Schein benutzen möchte, nimmt Spielgeld.

Wichtig ist die Medizinflasche. Dazu kann eine beliebige kleine Flasche aus dem Haushalt benutzt werden. Das Etikett kann notfalls durch Einweichen in warmem Wasser entfernt und durch ein selbst gefertigtes ersetzt werden. Das langsame Entleeren der Flasche muss nicht realistisch dargestellt werden, da dazu die Vorstellungskraft der Kinder genügen dürfte.

1. Akt

(Hintergrund: geschlossener Vorhang)

Seppel: Guten Tag, Kinder! Ich bin's, der Seppel. Wundert ihr euch, dass der Kasper euch nicht begrüßt? Ja, das geht heute leider nicht. Der Kasper liegt nämlich im Bett. Er hat Fieber und Halsschmerzen. Die Großmutter guckt gerade nach ihm. – Ach, da kommt sie schon.
(Die Großmutter kommt auf die Bühne.)
Hallo, Großmutter! Na, wie geht es dem Kasper?

Großmutter: Sein Hals ist ganz rot und entzündet. Er muss eine Medizin einnehmen, dann wird es sicher ganz schnell besser. Seppel, würdest du den Saft aus der Apotheke holen? Du hast noch jüngere Beine als ich. Dann koche ich dem Kasper in der Zeit einen Tee gegen das Fieber.

Seppel: Sicher, wird gemacht! Wie heißt der Saft denn?

Großmutter: Ich habe den Namen hier auf einen Zettel geschrieben. *(Sie reicht ihm ein Blatt und einen Geldbeutel.)* In dem Geldbeutel sind 10 Euro. Damit kommst du aus.

Seppel: In Ordnung! – Bin gleich wieder da! *(Er geht ab.)*

Großmutter: So, dann werde ich mal nach dem Kasper sehen. Ich glaube, wir müssen noch mal Fieber messen. *(Sie geht auch ab.)*

2. Akt
(Hintergrund: geschlossener Vorhang)

Seppel: Guten Tag!

Apotheker: Guten Tag, junger Mann! Was darf's denn sein?

Seppel: Mein Freund hat Halsschmerzen. Ich möchte gerne Medizin für ihn holen. Hier! *(Er reicht ihm den Zettel.)*

Apotheker: Ah ja, Penicillinsaft. Den hab ich hier. Einen Augenblick. *(Er verschwindet und kommt mit einem Fläschchen wieder.)* So, bitte sehr. Das macht 9,90 Euro. Dein Freund muss morgens und abends zwei Teelöffel davon nehmen. Das steht aber auch drauf.

Seppel: Ist gut. *(Er nimmt die Flasche und gibt das Geld ab.)* Bitte schön.

Apotheker: 10 Euro, danke. So – und 10 Cent bekommst du zurück. Auf Wiedersehen und gute Besserung!

Seppel: Danke, tschüs! *(Er geht ab.)*

3. Akt
(Hintergrund: geschlossener Vorhang)

Seppel: *(guckt sich die Flasche an)* Hm, der sieht aber lecker aus. Wie Himbeersaft.

Gretel: *(kommt auf ihn zu)* Hallo, Seppel! Spielst du was mit mir?

Seppel: Ich hab' keine Zeit. Zuerst muss ich dem Kasper Medizin bringen, er ist krank.

Gretel: Ja, ich weiß. Das hat die Großmutter mir schon erzählt. Du, zeig mal die Flasche! Ist das der Saft für den Kasper!

Seppel: Ja. *(Er gibt ihr die Flasche.)*

Gretel: Hm, der sieht aber lecker aus! Ob der auch so schmeckt? Am liebsten würde ich ja mal probieren.

Seppel: Aber das ist doch Medizin!

Gretel: Na und? Ich hatte mal einen Hustensaft – der hat vielleicht gut geschmeckt. Da hab' ich auch schon mal heimlich dran genascht. Ein kleines Schlückchen können wir doch mal probieren. Das merkt bestimmt keiner.

Seppel: Meinst du?

Gretel: *(schraubt die Flasche auf und trinkt)* Hmmm, gut! Hier! *(Sie reicht die Flasche dem Seppel, der auch probiert.)*

Seppel:	Wirklich köstlich! *(Er wischt sich den Mund ab.)* Ich hab gar nicht gewusst, dass Medizin so gut schmecken kann.
Gretel:	Das schmeckt nach mehr, nicht? Gib mir noch ein kleines Schlückchen! Für den Kasper bleibt immer noch genug übrig. *(Sie trinkt wieder.)*
Seppel:	Na gut. Oh, das war aber ein großer Schluck. Die Flasche ist ja schon halb leer! – Jetzt trinke ich nur noch ein ganz kleines Schlückchen, und dann schraube ich sie wieder zu. *(trinkt)* O je, jetzt merkt die Großmutter bestimmt, dass wir probiert haben.
Gretel:	Weißt du was? Wir trinken den Rest auch noch aus und kaufen dem Kasper eine neue Flasche.
Seppel:	Ich hab aber nur noch 10 Cent!
Gretel:	Dann müssen wir eben unsere Sparschweine schlachten. Anders geht es jetzt nicht mehr.
Seppel:	Ja, da hast du Recht. *(Sie trinken die Flasche leer.)* So, jetzt aber schnell nach Hause – das Geld holen. Sonst merkt doch noch jemand etwas.
Gretel:	Gut, ich hole auch mein Sparschwein. Wir treffen uns gleich wieder hier, ja? Tschüs. *(Sie geht ab.)*
Seppel:	Hoffentlich habe ich überhaupt noch so viel Geld. Hätten wir doch bloß nicht angefangen zu probieren. *(Er bleibt auf einmal stehen und hält sich den Bauch fest.)* Au, was

war denn das? Das hat aber wehgetan! *(Er geht ein Stück weiter, bleibt dann aber wieder stehen und krümmt sich.)* Oh, mein Bauch tut so schrecklich weh. Das kommt bestimmt von dem blöden Saft. Warum habe ich den bloß getrunken? *(Er schleppt sich noch ein Stück weiter und bleibt dann liegen.)* Kinder, bitte ruft ihr doch die Großmutter! Ich kann nicht mehr weiter! *(Die Kinder rufen die Großmutter, die kommt.)*

Großmutter: Was ist denn los? *(Sie sieht den Seppel.)* Ach du Schreck! Was ist denn mit dir passiert?

Seppel: Mein Bauch – o weh, o weh!

Großmutter: Kinder, könnt ihr mir sagen, was der Seppel hat? Waaas? Stimmt das? Er hat Kaspers Medizin getrunken? Ganz alleine? Ah, mit der Gretel! So ein Dummkopf!
(Sie fühlt Seppels Bauch ab.)
Am besten rufe ich gleich den Doktor an. Hoffentlich geht das gut.

Doktor: *(geht im Hintergrund vorbei)*

Großmutter: Ach, da ist er ja gerade. *(Sie hält ihn an.)* Guten Tag, Herr Doktor! Warten Sie einen Moment. Sie kommen gerade richtig. Der Seppel hat nämlich Kaspers Medizin getrunken und hat jetzt fürchterliche Bauchschmerzen.

Doktor: Was? Der Seppel auch? Ich bin gerade auf dem Weg zur Gretel. Ihre Mutter hat mich angerufen und das Gleiche erzählt wie Sie.

Großmutter: Ja, ja, die dummen Kinder haben zusammen den Saft ausgetrunken, den der Kasper gegen Halsentzündung nehmen sollte. Nicht wahr, Kinder, so war es doch?

Doktor: Die kommen vielleicht auf Ideen! Am besten bringen wir den Seppel mal ins Bett, damit ich ihn untersuchen kann. *(Sie zerren den jammernden Seppel von der Bühne.)*

4. Akt
(Hintergrund: geschlossener Vorhang)

Großmutter: *(schüttelt dem Doktor die Hand)* Vielen Dank, Herr Doktor!

Doktor: Schon gut, ich muss mich jetzt um die Gretel kümmern. Und nicht vergessen – der Seppel darf zwei Tage lang nichts essen und nur Kamillentee trinken. Ich sehe dann noch mal nach ihm.

Großmutter: Ist gut, Herr Doktor!

Doktor: Und gute Besserung für den Kasper. Ich habe Ihnen ja Medizin dagelassen. Bis morgen ist es dann sicher schon besser. Auf Wiedersehen. *(Er geht ab.)*

Großmutter: Auf Wiedersehen. Tja, Kinder, mit der heutigen Vorstellung wird es wohl nichts. Der Seppel kann den Kasper auch nicht mehr vertreten, weil es ihm selbst jetzt noch schlechter geht. Aber daran ist er ja schließlich selbst schuld. Was kommt er auch auf so dumme Ideen! Na, Kinder, dann bis bald – wenn alle wieder gesund sind. Tschüs! *(Sie geht ab.)*

Bello und Theresa

Puppenspiel in 4 Akten

◆ *Es spielen mit:*
Kasper
Polizist
Großmutter
Bello, der Hund
Theresa, die Kuh
Hexe
Krokodil
◆ *Hintergrundbilder:*
Landstraße, Wohnung, Wald

◆ *Requisiten:*
1. Akt:
Zauberstab
2. Akt:
2 Löffel, kleines Buch
3. Akt:
Seil, Tamburin
4. Akt:
Süßigkeiten für die Kinder

Spielhinweise

In diesem Kasperlespiel wirken viele Puppen mit: Kasper, der Polizist, die Großmutter, die Hexe und das Krokodil sind normalerweise vorhanden, da sie immer wieder gebraucht werden. Anders dagegen Bello, der Hund, und Theresa, die Kuh. Man kann diese Tiere natürlich fertig kaufen. Es werden wunderschöne Tierpuppen aus Plüsch und Fell angeboten. Diese sind aber auch entsprechend teuer. Wer diese Kosten scheut, kann die beiden Puppen selbst anfertigen (siehe Seite 18).

Da hier wieder mehrere Puppen gleichzeitig auftreten, sind mindestens 2 Puppenspieler notwendig. Die günstigste Aufteilung der Puppen ist:
1. Spieler – Theresa, Hexe, Großmutter, Polizist;
2. Spieler – Kasper, Bello, Krokodil.

Bei diesem Stück rate ich dazu, einen 3. Puppenspieler hinzuzuziehen, wenn genügend Platz hinter der Bühne ist. Alle Spieler sind dann entlastet. Sie müssten sonst immer je 2 Puppen führen, und der Wechsel der Puppen erfolgt einige Male in besonders kurzen Zeiträumen, das heißt, die Puppen müssen im Spiel (also nicht am Ende eines Aktes) blitzschnell ausgezogen werden. Manchmal sogar nur mit 1 Hand, wenn die andere weiterspielen muss. Dauert dieser Vorgang zu lange, entsteht im Spiel eine unnatürliche, unpassende Pause. Aus diesen Gründen bevorzuge ich 3 Spieler.

Und hier die Requisiten, die benötigt werden: Im 1. Akt 1 Zauberstab für die Hexe, das ist entweder ein Ast, oder ein aus Zeitungspapier gedrehter Stock, der beliebig mit buntem Papier verziert wird.

Am Anfang des 2. Aktes sitzen Kasper und die Großmutter am Tisch und essen. Der Tisch sowie 2 Stühle werden aus stabiler Pappe zugeschnitten (Seitenansicht) und vorne an der Bühne befestigt. 2 Teller werden ebenfalls ausgeschnitten und am Tisch festgeklebt. 2 Löffel lassen sich aus der Puppenküche nehmen oder sie aus lufttrocknender Modelliermasse selbst herstellen.

Später braucht Kasper 1 Buch. Dazu kann man irgendein kleines, vorhandenes Büchlein benutzen oder aus zusammengefaltetem Papier eines selber herstellen.

Im 3. Akt wird das Krokodil mit 1 Seil gefangen; dazu nimmt man am besten Kordel.

Möchte man die Spannung in der Szene, in der das Krokodil auftaucht, steigern, kündigt man seine Ankunft durch Schläge mit dem Tamburin an, die immer lauter und schneller werden. Das Hintergrundbild im 1. Akt stellt eine Straße mit angrenzenden Wiesen dar. Am vorderen Bühnenrand können einige Grasbüschel befestigt werden, die Kasper zum Teil abpflückt und der Kuh reicht.

Im Hintergrundbild des 2. Aktes sieht man die Wohnung der Großmutter. Am vorderen Bühnenrand sind 1 Tisch und 2 Stühle befestigt.

Der 3. Akt spielt im Zauberwald. Ist das Bild eines „normalen" Waldes vorhanden, braucht es nicht extra verändert zu werden. Im 4. Akt sieht man wieder die Wohnung der Großmutter – diesmal jedoch ohne Tisch und Stühle.

1. Akt

(Hintergrund: Landstraße)

Kasper:
(singt, taucht auf und geht quer über die Bühne)
Tri-tra-trullalla, tri-tra-trullalla
Kasperle ist wieder da.
Und die Kinder freu'n sich sehr,
und der Kasper noch viel mehr.
Trullalla, trullalla, Kasperle ist da!
(pfeift noch ein Stück)
Guten Tag, liebe Kinder! Wo kommt ihr denn alle her? Seid ihr zu Besuch hier? Ach so, ihr wollt mich sehen! Kennt ihr mich denn überhaupt? Und wisst ihr auch, wie ich heiße? – Jawohl, ich bin der Kasper. Der immer fröhliche, gut gelaunte, lustige und schlaue Kasper! – Aber wisst ihr, heute ist gar nichts mit mir los. Alles ist so langweilig! Ich weiß überhaupt nicht, was ich tun soll. Es passiert aber auch nichts. Alle meine Freunde sind in Urlaub gefahren. Der Seppel und die Gretel und die Prinzessin. Ich bin ganz alleine mit meiner Großmutter. – Jetzt wollte ich eigentlich ein bisschen spazieren gehen. Möchtet ihr mitkommen? *(geht los)*
Gut, dann könnte ich euch eigentlich Theresa und Bello zeigen. Die kennt ihr doch noch nicht, oder? Die beiden sind auch meine Freunde, nur mit denen kann man nicht so gut erzählen. Ihr werdet schon sehen warum. – So, noch einen Moment, dann sind wir da. Theresa! Theresa, wo bist du? Hier ist der Kasper und will dir guten Tag sagen.

Theresa:	*(kommt langsam)* Muhu, muhuhuuuuuuuh!
Kasper:	Sag mal, weißt du nicht, wo Bello geblieben ist? Ich wollte ihn auch gerne den Kindern vorstellen.
Theresa:	*(schüttelt den Kopf)*
Kasper:	Nein? Dann müssen wir mal alle zusammen rufen. Kinder, helft ihr auch mit? Vielleicht hört er uns dann. *(alle rufen)* Bello, Bello, Bellooooo!
Bello:	*(kommt angerannt)* Wau, wauwauwau *(Er schnappt nach Luft.)*
Kasper:	Oh, da bist du ja. Guck mal, die vielen Kinder dort! Sie möchten dich kennen lernen. Sagst du ihnen Guten Tag?
Bello:	*(nickt)* Wauuuuuuuh! *(Er stubst die Kuh an.)*
Kasper:	Ach, ich sehe schon. Er will mit Theresa spielen. Na, dann lasse ich euch mal wieder alleine. Ich muss sowieso nach Hause – zum Essen. Großmutter wartet bestimmt schon auf mich. *(Er streichelt die beiden noch einmal.)* Tschüs ihr zwei – und spielt noch schön! *(Er geht ab.)*
Hexe:	*(guckt vorsichtig um die Ecke)* Ist der Kasper weg? Hihihihi, das ist gut. Mir ist nämlich eben etwas Tolles eingefallen. Ein großartiger Spaß, hihihihi. Wisst ihr was? Ich werde Kaspers Freunde ein wenig verzaubern. – In wilde Tiere, hihi, am besten in Krokodile. Ich liebe Krokodile. Aber natürlich darf man das von außen nicht

sehen, sonst erkennt sie ja keiner wieder. – Sie sehen dann immer noch aus wie ein Hund und eine Kuh, aber in Wirklichkeit werden sie böse und gefährlich wie Krokodile. Hihi, und keiner weiß, wie das kommt – nur ich! Da wird der Kasper vielleicht Augen machen, hihihi. Dann kann ich seine Freunde für mich arbeiten lassen, und niemand kann etwas dagegen tun. *(Sie geht zu der Kuh und dem Hund, die zusammen spielen, und hebt den Zauberstab.)* Aufgepasst ihr zwei: Hokus, pokus, fidibus, dreimal schwarzer Kater, legt euch hin und schlafet ein, das wird ein Theater. Wenn ihr aufwacht, oh wie fein, sollt ihr Krokodile sein! Abrakadabra, kadixkadux! *(Die Tiere schlafen ein.)* So, wenn ihr aufwacht, seid ihr so wild und gefährlich wie echte Krokodile. Ihr müsst alles tun, was ich euch sage. Zuerst sollt ihr die Großmutter holen und zu mir in den Wald bringen. Sie muss dann für mich kochen, hihihi, das wird eine Freude. Dann brauche ich endlich nicht mehr selbst die Kartoffeln zu schälen. *(Sie geht ab.)*

2. Akt

(Hintergrund: Wohnung)

Gretel:	Na, Kasper, schmecken dir meine Nudeln?
Kasper:	Aber sicher, Großmutter, du kochst doch immer noch am besten.
Gretel:	Was hast du denn heute den ganzen Tag gemacht?

Kasper:	Ich habe die Kinder mit Bello und Theresa bekannt gemacht. Die beiden sind doch wirklich lieb, nicht wahr?
Gretel:	Ja, das sind sie. Da hast du …
Polizist:	*(klopft und stürzt sofort ins Zimmer)* Kasper, Kasper, du musst uns sofort helfen!
Gretel:	Ja was ist denn passiert? Sie sind ja ganz aufgeregt! Setzen Sie sich doch erst einmal. Wollen Sie mit uns essen?
Polizist:	Nein, nein, keine Zeit! Kasper, kannst du bitte gleich mitkommen?
Kasper:	Ja sicher, aber was ist denn überhaupt los?
Polizist:	Deine zwei Freunde sind verrückt geworden. Der Hund und diese …
Kasper:	Was? Bello und Theresa? Ich war doch gerade noch bei ihnen. Was haben sie denn nur angestellt?
Polizist:	Angestellt ist gut. Sie sind verrückt, total verrückt! Sie rennen durch die Stadt wie wild gewordene Handfeger und knurren und fauchen wie – wie –, ja wie wilde Tiere. Wenn ihnen jemand zu nahe kommt, dann treten und beißen sie. Fünf Leute liegen schon im Krankenhaus!
Kasper:	Das kann doch nicht sein. Es ist bestimmt eine Verwechslung! Die zwei sind doch immer sooo lieb. Oder Kinder, könnt ihr euch das vorstellen?

Polizist: Es stimmt aber, was ich sage. Komm doch mit und über-
zeuge dich selber. *(Er zieht den Kasper mit.)*

Gretel: Was der Herr Dimpfelmoser da erzählt, kann ich mir aber
auch nicht vorstellen. Das ist doch unmöglich. Ich kenne
die beiden doch schließlich ... *(Bello und Theresa stürzen
herein, knurren und fauchen und schnappen nach der
Großmutter.)*

Großmutter: Was ist denn mit euch los? Ihr seht ja richtig gefährlich
aus. Was wollt ihr denn von mir? *(Sie läuft weg, die Tiere
hinterher.)* Jetzt bekomme ich aber doch Angst! Hilfe!
Hilfeee! Kasper, hilf mir! *(Die Tiere fassen sie mit dem
Maul und ziehen sie hin und her.)*

Kasper: *(kommt hereingestürmt)* Wer hat mich da gerufen? War
das nicht die Großmutter? Ja was ... Großmutter, wo willst
du hin? Theresa, Bello, hört sofort auf! *(Die Tiere stoßen
Kasper weg und ziehen die Großmutter mit hinaus.)*

Polizist: *(kommt herein)* Da siehst du es selber. Glaubst du mir
jetzt? Nun haben sie die Großmutter geraubt.

Kasper: Ja, aber das geht nicht mit rechten Dingen zu. Wenn ich
nur wüsste ... ich hab's! Die Hexe Wackelzahn! Das kann
niemand anderes als die Hexe Wackelzahn gewesen sein.
Sie muss die armen Tiere verzaubert haben. Anders kann
es gar nicht sein. Was meint ihr Kinder, stimmt's?

Polizist: Das kann gut sein. Die Kinder sagen es ja auch. Aber was
machen wir jetzt?

Kasper:	Tja, ich muss mal überlegen. – Wahrscheinlich hat sie die beiden in gefährliche Tiere verzaubert, die ihr gehorchen müssen. Aber in welche? Sie sehen ja genauso aus wie früher. Vielleicht haben die Kinder etwas gesehen. Kinder, könnt ihr uns helfen? Habt ihr gesehen, in welche Tiere die Hexe meine Freunde verzaubert hat? – Ja, das wird's sein. In Krokodile! Hexen lieben Krokodile. Das habe ich mal gelesen. Da fällt mir ein: Ich habe doch ein Buch über Hexen. Am besten hole ich es schnell. Vielleicht steht etwas darin, was wir brauchen können. *(ab)*
Polizist:	Hoffentlich kann uns das Buch wirklich weiterhelfen. Wer weiß, was sonst noch alles passiert.
Kasper:	*(kommt mit dem Buch wieder)* So, ich hab's. Mal sehen, was da steht. – Ah, hier, zaubern ... Also da steht: Wenn eine Hexe ein Tier verzaubert hat, muss man herausfinden, in welches andere Tier sie es verzaubert hat.
Polizist:	Das wissen wir ja schon. In Krokodile! Und weiter?
Kasper:	Ja, und dann muss man ein echtes Tier von dieser Sorte herbeiholen. In dem Moment, wo sich die beiden Tiere gegenüberstehen, ist der Zauber aufgelöst. Das hört sich gar nicht so schwierig an. Wir müssen jetzt ein echtes Krokodil holen. Wenn Theresa und Bello es sehen, müssen sie eigentlich wieder normal werden.
Polizist:	Hoffentlich. Und dann müssen wir die Großmutter wieder holen. Aber wo kriegen wir so schnell ein Krokodil her?

Kasper: Im Zauberwald gibt es doch ein Krokodil. Das müssen wir fangen und herbringen.

Polizist: Aber, aber ... das ist doch gefährlich!

Kasper: Ach was, wir nehmen uns einen langen Strick mit und stellen uns schlafend. Wenn das Krokodil dann neugierig wird und kommt, rufen uns die Kinder, und wir können es fesseln. Wir sind ja zwei.

Polizist: Das ist eine gute Idee! Kinder, sagt ihr uns denn Bescheid, wenn das Krokodil kommt? Gut! Dann lass uns schnell ein dickes Seil holen, Kasper, und los geht's!

3. Akt

(Hintergrund: Wald oder Zauberwald)

Polizist: Wie weit müssen wir denn noch gehen?

Kasper: Ich glaube, jetzt sind wir tief genug im Zauberwald. Hier müsste das Krokodil uns eigentlich finden. Zuerst müssen wir das Seil verstecken. Am besten, ich lege mich darauf. So, Kinder, wenn das Krokodil ganz nahe ist, ruft ihr uns, ja?

Polizist: Aber auch wirklich! – So, dann werde ich mich auch hinlegen und so tun, als ob ich schlafe. *(Sie schnarchen.)*

(Eventuell mit dem Tamburin das Nahen des Krokodils ankündigen. Das Krokodil guckt um die Ecke und nähert sich, die Kinder rufen – Kasper und der Polizist werfen das Seil um das Krokodil, dieses wehrt sich.)

Kasper: Gleich haben wir's, noch etwas fester ziehen – so! Halt doch mal still, du Krokodil. Dir passiert ja nichts.

Polizist: Hau ruck, hau ruck, hau ruck, so, das müsste halten. So ein Krokodil ist doch ganz schön stark.

Kasper: Jetzt müssen wir es aber schnell in die Stadt bringen, damit Bello und Theresa keinen Unfug mehr machen.

Polizist: Ja, sie sollen kein neues Unheil anrichten. *(Sie ziehen und schieben das Krokodil mit sich.)*

4. Akt

(Hintergrund: Wohnung)

Kasper: So, endlich sind wir wieder zu Hause. Am besten binden wir das Krokodil an, damit es nicht weglaufen kann, so! *(Man hört von weitem Knurren und Fauchen.)*

Polizist: Hörst du das auch? Ich glaube, da kommen sie schon. *(Die Tiere stürzen herein und schnappen nach Kasper und nach dem Polizisten, die sich hinter dem Krokodil verstecken.)(Das Krokodil faucht, und in diesem Moment fallen beide Tiere um.)*

Polizist: O Kasper, guck mal. Sie werden doch nicht tot sein?

Kasper: *(guckt nach)* Nein, nein, sie schlafen nur. Ich glaube, es hat geklappt. *(Er schüttelt die beiden.)* Hallo, aufstehen! Macht die Augen auf, ich bin es, der Kasper!
(Sie wachen langsam auf und gucken sich verwundert um.) Erkennt ihr mich, seid ihr wieder normal? – Es scheint ganz so. Jetzt geht aber schnell die Großmutter zurückholen. Ihr wisst ja wohl noch, was ihr angerichtet habt. *(Theresa reibt ihren Kopf an Kasper.)* Ja ich weiß, ihr seid wieder die Alten. Aber ihr müsst los, die Großmutter wartet bestimmt schon. *(Beide ziehen los.)*

Polizist: Hoffentlich wissen sie noch, wo sie die Großmutter hingebracht haben.

Kasper: Das glaube ich schon. Bello hat eine gute Nase. Er kann die Spur riechen.

Polizist: Ich glaube, ich gehe mal in die Stadt gucken, ob alles in Ordnung ist. Auf Wiedersehen Kasper – und vielen Dank.

Kasper: Nehmen Sie das Krokodil gleich mit! Vielleicht hat unser Zoo noch einen Platz für es frei, sonst stellt es womöglich auch noch etwas an.
(Er reicht ihm das Seil.) Geht es so?

Polizist: Ja, ist schon in Ordnung – bis bald! *(ab)*

Großmutter: *(Die Tiere bringen sie.)* Kasper, Kasper! Bin ich froh, dass ich wieder da bin.

Kasper: Gott sei Dank, da bist du wieder. Geht es dir gut?

Großmutter: Jetzt ja. Aber ich habe einen Riesenhunger. Die ganze Zeit
             habe ich im Wald alleine in einer Höhle gesessen. Das war
             vielleicht unheimlich! – Aber was ist denn überhaupt pas-
             siert? Ich wusste gar nicht recht, was mit mir geschah. Und
             was ist mit Theresa und Bello? Wieso sind sie nun wieder
             wie früher?

Kasper: Ja, das ist eine lange Geschichte ...

Großmutter: Warte, dann erzähle mir die Geschichte beim Essen. Ich
             lade alle dazu ein, die dir geholfen haben.

Kasper: Oh ja, fein! Ich sage gleich dem Polizisten Bescheid. Aber
             du musst auch die Kinder einladen. Sie haben tüchtig
             geholfen.

Großmutter: Da habe ich eine bessere Idee! *(Sie flüstert Kasper etwas ins
             Ohr.)*

Kasper: Oh, eine Überraschung, eine Überraschung! Kinder, passt
             alle gut auf. Die Großmutter hat für jeden von euch eine
             Überraschung. Ist das gut? Bleibt alle schön sitzen und
             wartet auf uns. Wir nehmen Theresa und Bello mit und
             überraschen euch. Tschüs – bis gleich – wir kommen zu
             euch! *(Sie winken, bis der Vorhang zu ist.)*
             (Die Kasperpuppen verteilen Süßigkeiten an die Kinder.)

Der verzauberte Stein

Puppenspiel in 3 Akten

◆ *Es spielen mit:*
Kasper, Seppel, Räuber, Drachen, Königin
◆ *Requisiten:*
sonniges Fenster, Wald, Geisterwald
◆ *Requisiten*
1. Akt:
1 Kopfkissen, 1 Decke, 2 Gläser,

1 Korb – mit einem Tuch zugedeckt, 1 flacher Stein, 1 Stock
2. Akt:
Tamburin für den Donnerschlag, Stock und Stein wie im 1. Akt
3. Akt:
Tamburin für die Donnerschläge, ähnlich aussehende Steine

Spielhinweise

Zu den mitwirkenden Puppen dieses Stückes ist Folgendes zu sagen: Anstelle des Drachens lässt sich ebenso gut das Krokodil verwenden. Sie können es auch etwas verändern: Mit großen Zacken auf dem Rücken und langer, gespaltener Zunge (aus Pappe ausgeschnitten und angemalt) sieht es aus wie ein Drachen.

Die Prinzessin kann in diesem Stück als Königin auftreten. Wer Lust hat, kann ihr eine andere Krone aufsetzen oder die Haare anders frisieren. Ist das nicht möglich, genügt auch ein zusätzlicher Umhang aus Stoff- oder Gardinenresten.

Dieses Kasperlespiel kann 1 Puppenspieler alleine vorführen, da nie mehr als 2 Figuren gleichzeitig auftreten. Einfacher ist es natürlich mit 2 Spielern. Dann übernimmt einer den Kasper, der andere alle weiteren Figuren. Somit besteht auch nicht die Schwierigkeit, mit einer Hand zu spielen, und währenddessen mit der anderen Hand eine neue Puppe anzuziehen. Außerdem ermüden die Arme rasch, wenn man die ganze Zeit über 2 Puppen halten muss. In diesem Fall kommt noch hinzu, dass im 1. Akt das Hintergrundbild gewechselt werden muss. Spielt 1 Person alleine, muss sie für kurze Zeit den Vorhang schließen. Sonst übernimmt den Bilderwechsel der 2. Spieler.

Nun zu den Requisiten: Am Anfang des Stückes sieht man Kasper vor geschlossenem Vorhang im Bett liegen. Um das Bett darzustellen, kann man gut das Bettzeug aus einem Puppenbett so über den Bühnenrand legen, dass eine Hälfte zu den Zuschauern hin herunterhängt. Mit einer Decke ist Kasper zugedeckt. Kurze Zeit später wäscht er sich hinter dem Vorhang. Dazu kann man die typischen Geräusche zu Hause aufnehmen und die Kassette während des Spiels ablaufen lassen. Ist diese Möglichkeit nicht vorhanden, nimmt man 2 Gläser, füllt eins davon mit Wasser und schüttet es immer von einem Glas in das andere. Auf diese Weise erzielt man auch „Waschgeräusche".

Als geeigneter Picknickkorb für Kasper bietet sich beispielsweise ein Puppeneinkaufskorb oder ein Osterkörbchen. Da der Korb mit einem Tuch bedeckt ist, muss man ihn nicht füllen.

Der verzauberte Stein ist für die Handlung sehr wichtig und sollte deshalb möglichst groß ein und oben abgeflacht, sodass der Korb darauf stehen kann. Erfahrungsgemäß ist es äußerst schwierig, so einen großen Stein am vorderen Bühnenrand zu befestigen. Bei 2 Puppenspielern hält der eine den Stein so mit der freien Hand, dass es vom Zuschauerraum her nicht zu sehen ist. Spielt jedoch nur 1 Person, ist es sinnvoll, etwas hinter die Bühne zu stellen, das genau bis zum Bühnenrand reicht, z. B. 1 Bänkchen, 1 umgekippter Karton oder mehrere Teile aufeinander. Die letzten Zentimeter können durch Bücher ausgeglichen werden, und der Stein hat eine feste Liegefläche. Bei der Steinsuche ist es wichtig, 2 ähnliche Steine mitzubringen, da das gleiche Aussehen für den Spielverlauf bedeutungsvoll ist.

Außerdem benötigt Kasper noch 1 Stock: Ein abgebrochener Ast, ein Kochlöffel, eine dünne Papprolle oder etwas Ähnliches erfüllen diesen Zweck. Man sollte jedoch auf die Länge des Stockes achten, der später in das Maul des Drachen passen muss.

Der Donnerschlag am Anfang des 2. Aktes wird am wirkungsvollsten mithilfe eines Tamburins erzeugt. Man kann aber auch 2 Topfdeckel aneinander schlagen oder 1 dünnes Blech hin und her bewegen.

Wenn sich der Vorhang zum 1. Akt öffnet, sieht man im Hintergrund ein Fenster mit Ausblick auf eine sonnige Landschaft. Möchte man dieses Bild nicht extra anfertigen, kann man auch das Bild einer Wohnung benutzen und ein kleines Fenster mit sonnigem Ausblick aufkleben. Sobald Kasper und Seppel die Wohnung verlassen, wird das Hintergrundbild mit dem des Waldes ausgewechselt. Am besten schiebt man das 1. Bild langsam nach rechts oder links zum Bühnenrand, und gleich daneben sieht man Stück für Stück den Wald auftauchen.

Im 2. Akt benötigt man als Hintergrund den Geisterwald, oder das dahin veränderte Waldbild (gespenstische Bäume, Pflanzen und Blumen werden aufgeklebt). Am unteren Rande des Geisterwaldes oder am vorderen Bühnenrand werden gelbe Schlüsselblumen befestigt. Wenn Kasper den Drachen im 2. Akt entdeckt, ist es sehr eindrucksvoll, Rauch auf der Bühne zu erzeugen, am besten mit einer Zigarette oder – noch besser – mit einer Pfeife oder Zigarre. Das riecht auch gleichzeitig etwas verbrannt und passt gut zur Szene.

Im 3. Akt wird der Stein in die Königin verzaubert. Das stellt man dar, indem der Stein langsam nach unten verschwindet und die Königin langsam an derselben Stelle auftaucht. Dieser Vorgang wird von leichten Donnerschlägen und aufsteigendem Rauch (Zigarette) begleitet.

1. Akt

(Zunächst wird vor geschlossenem Vorhang gespielt, dann Hintergrund sonniges Fenster, später Wald.)

Kasper: *(liegt im Bett, wird gerade wach und reckt sich)* Uah, hmm, habe ich gut geschlafen. *(reibt sich die Augen)* Hach! *(gähnt und schaut sich um)* Guten Morgen, Kinder! Seid ihr ausgeschlafen? Was, ist es schon so spät? So, schnell aus dem Bett! *(springt auf)* Mal sehen, was draußen für ein Wetter ist. *(guckt durch den Vorhang)* Oh, fein, die Sonne scheint. Ich geh' mich schnell waschen. *(Er verschwindet hinter dem Vorhang, man hört es plätschern, taucht wieder auf.)* Was habe ich denn heute vor? – eigentlich ist es genau das richtige Wetter für ein Picknick im Wald. Mal sehen, vielleicht hat der Seppel auch Lust, mitzukommen. Aber zuerst müssen wir den Vorhang zur Seite schieben, damit die Sonne ins Zimmer scheinen kann. Oh, das ist schwer. Kinder, wollt ihr nicht helfen? Dann ruft mal alle kräftig mit: Hau-ruck, hau-ruck. *(Er zieht eine Hälfte auf.)* Sooooo, jetzt noch die andere Hälfte. Hau-ruck, hau-ruck, hau-ruck, das wäre geschafft. Es ist gleich viel heller geworden. – Nun muss ich aber erst sehen, wo der Seppel steckt. Der liegt bestimmt noch im Bett. Bis gleich, Kinder! *(geht ab)* *(Kasper kommt mit Seppel und einem zugedeckten Korb wieder.)* So Kinder, gleich geht's los. Seht mal, die Großmutter hat uns noch einen schönen Korb mit Kuchen, Brötchen und Limonade zurechtgemacht. Da kann uns ja nichts mehr passieren, was Seppel?

Seppel:	Passieren, was? Ist es gefährlich? Dann gehe ich nicht mit.
Kasper:	Ich glaube, du bist noch nicht ganz wach. Ich meine doch nur, wir können nicht verhungern, weil wir ja den Frühstückskorb haben. *(zu den Kindern)* Der Seppel ist manchmal ein bisschen langsam im Denken, wisst ihr? – Jetzt aber los! Wir wollen den Tag noch genießen!
Seppel:	Hm, hm. *(Er trottet langsam hinter Kasper her.)* Uaaah! Mitten in der Nacht spazieren gehen, na so was.
Kasper:	Was, mitten in der Nacht! Siehst du die Sonne denn nicht? Es ist gleich Mittag. Nicht wahr, Kinder? – Beeil dich!
Seppel:	Hm, hm! *(Während sie wandern, wechselt der Hintergrund: Wald.)*
Kasper:	Hier ist ein schönes Plätzchen! Komm, wir breiten die Decke aus. Hier auf den Stein stellen wir unseren Frühstückskorb. So! Hmmm, ich freue mich schon auf den Erdbeerkuchen.
Stimme:	Au, au, ihr tut mir weh!
Seppel:	Ich tu dir doch gar nichts!
Kasper:	Was, ich habe nichts gesagt.
Stimme:	O weh, o weh!
Kasper:	Jetzt höre ich es auch! Da jammert jemand.

Seppel: Aber ich sehe niemanden. – Wie unheimlich! *(ängstlich)* Komm, lass uns lieber wieder nach Hause gehen.

Kasper: Sei doch nicht so ängstlich. Ich will jetzt wissen, von wo diese Stimme kommt.

Stimme: Nehmt bitte den Korb von meinem Rücken, er ist so schwer.

Kasper: Hast du das gehört? Es kam von dem Stein hier.

Seppel: A-a-aber Steine können doch gar nicht sprechen.

Kasper: Ich nehme jedenfalls mal den Korb herunter. *(nimmt ihn)*

Stimme: Oh, vielen Dank!

Kasper: Siehst du, es war doch der Stein. Ein Stein, der sprechen kann! Hör' mal, Stein, wieso kannst du sprechen?

Stimme: Ich bin gar kein Stein, ich bin eine verzauberte Königin!

Seppel: Das habe ich ja noch nie gehört! Komm Kasper, lass uns von hier lieber verschwinden.

Kasper: Sei doch nicht so zimperlich, ich will jetzt mit der Königin sprechen. Stein – oder Königin, wer hat dich verzaubert?

Stimme: Der böse Zauberer Petro Pfeffersack. Ich wollte ihn damals nicht heiraten, weil er so hässlich ist. Deswegen hat er mich in einen Stein verzaubert. Jetzt muss ich so lange hier im Wald liegen, bis mich jemand erlöst. Uhuhuuu!

Kasper:	Weine nicht, Königin. Der Seppel und ich werden dich befreien, nicht wahr? Was müssen wir denn tun?
Stimme:	Tja, das ist gar nicht so einfach. Tief im Zauberwald versteckt gibt es eine große Höhle, die gehört dem Zauberer Pfeffersack. Aber sie wird von seinem Drachen Feuermaul bewacht. Der lässt niemanden dort in die Nähe.
Seppel:	Was, ein Zauberer und ein Drache? Das ist nichts für mich!
Stimme:	Also, neben der Höhle steht eine Tanne, die ist so hoch, dass man ihre Spitze nicht sehen kann. Darunter liegt ein Stein, der sieht genauso aus wie ich. Wenn ihr diesen Stein mitbringt und mich mit ihm berührt, dann bin ich erlöst. Aber das schafft ihr bestimmt nicht, uhuhuuu, das ist unmöglich!
Seppel:	Ja Kasper, sie hat Recht. Das ist viel zu gefährlich!
Kasper:	Soll die arme Königin denn für immer verzaubert bleiben? Seppel, kommst du mit? Wir holen den Stein.
Seppel:	Nein, äh ... – ich glaube, ich habe gar keine Zeit!
Kasper:	Na gut, dann gehe ich eben alleine!
Stimme:	Vielen, vielen Dank! Aber pass gut auf dich auf.
Kasper:	Ich passe schon auf, keine Sorge. Am besten nehme ich mir einen großen Stock mit. Für alle Fälle. *(guckt sich um und holt einen Stock hinter dem Vorhang hervor)*

Der wäre schon richtig. *(Er geht los.)* Halt, du musst mir noch sagen, wie ich zu der Höhle hinfinde.

Stimme: Am Wegesrand blühen kleine gelbe Schlüsselblumen. Folge ihnen, so kommst du zu der Höhle.

Kasper: Gut. Auf Wiedersehen. Dem Drachen Feuermaul werd ich's schon zeigen! *(Er schwingt seinen Stock und geht ab.)*

2. Akt

(Hintergrund: Zauberwald)

Kasper: Was hat die Königin gesagt? Im Zauberwald blühen gelbe Schlüsselblumen? Dann muss es hier gleich sein. Da fangen die Blumen an. Ich brauche ihnen nur zu folgen und ... *(Donnerschlag – der Räuber erscheint.)*

Räuber: Halt! Was willst du hier? Weißt du nicht, dass hier der Zauberwald anfängt? Niemand darf ihn betreten!

Kasper: Lass mich durch! Ich muss hier etwas erledigen.

Räuber: Hier kommt keiner durch. *(Er verstellt ihm den Weg.)*

Kasper: Wie du willst. Ich zähle bis drei! *(leise)* Gut, dass ich den Stock mitgenommen habe. 1 – 2 – 3! *(Er zieht schnell seinen Stock hervor und haut auf den Räuber ein.)* So, mal sehen, ob ich hier durchkomme oder nicht! Da! Und hier!

Räuber:	Au, oh, auauauauau! Aufhören! Ich lass dich ja schon durch. *(humpelt davon)* Oh, mir tun alle Knochen weh. *(er dreht sich noch einmal um.)* Aber eines sag ich dir, hier kommst du nicht heil wieder raus, das kannst du mir glauben! *(ab)*
Kasper:	Das werden wir ja noch sehen! – Jedenfalls müsste ich jetzt zur Drachenhöhle kommen, wenn ich immer den gelben Blumen nachgehe. – Hier sieht es aber wirklich unheimlich aus. – *(lauter)* Aber ich habe keine Angst! *(Er summt ein Lied.)* Oh, wieso ist es plötzlich so warm? Puh, es ist so heiß, als würde direkt neben mir ein Feuer brennen. Seht ihr ein Feuer, Kinder? Nein? Ich auch nicht. Seltsam, ich werde einmal ganz vorsichtig um die nächste Ecke schauen. *(guckt hinter den Vorhang)* Wisst ihr, was ich sehe? Den Drachen Feuermaul! Jetzt weiß ich auch, wie er an den Namen kommt. Feuermaul, das passt zu ihm. Er spuckt nämlich richtiges Feuer! Deswegen ist es hier auch so warm. Kinder, Kinder, die Flammen sind höher als ein Haus! Könnt ihr euch das vorstellen? Ach, und direkt daneben steht auch die riesige Tanne, unter der dieser Stein liegen soll. Wie komme ich da bloß dran? Kinder, habt ihr eine Idee? Wenn das Feuermaul mich sieht, braucht es bloß einmal so zu machen – Pssst – und ich verbrenne wie ein Stück Papier! Hm, – Hm, – ... Aber wozu habe ich denn meinen Stock? Jaaa, das ist die Idee! Wenn der Drache sein Maul aufreißt um zu spucken, klemm ich einfach meinen Stock dazwischen. Hahaha, wird der dumm gucken, da nützen ihm Feuer und Zähne nichts mehr. *(laut)* Hoho, Drache Feuermaul? Zeige dich doch!
Drache:	*(trottet auf Kasper zu und reißt sein Maul auf)* Aaaaaaaahh!

Kasper: Uiuiui, der hat aber einen riesigen Rachen! *(Er klemmt schnell den Stock dazwischen)* So, das hat geklappt. Da guckst du, was? *(Der Drache brüllt, es gibt einen heftigen Kampf, er läuft gegen den Kasper, haut mit dem Kopf um sich und schreit. Kasper weicht geschickt aus, wird doch getroffen, schreit auf und verschwindet hinter dem Vorhang.)* *(kommt mit dem Stein wieder)* Hier ist der Stein. Seht mal Kinder, ich habe den Stein gefunden. Da wird die Königin sich aber freuen.

Drache: Chrrrrr, a – a – aaaaah!

Kasper: Oho, das Feuermaul hat mich wieder entdeckt! Jetzt aber nichts wie weg, sonst taucht womöglich auch noch dieser Pfeffersack auf – oder wie er heißt! *(Er rennt um den Drachen herum und verschwindet auf der anderen Seite der Bühne – der Drache folgt ihm keuchend.)*

3. Akt
(Hintergrund: Wald)

Kasper: *(keucht)* Da bin ich wieder. Puh, bin ich aber gerannt! Ich spüre meine Beine kaum noch. *(Er setzt sich auf den Stein.)*

Stimme: Au, du tust mir weh!

Kasper: Oh, Entschuldigung. Beinahe hätte ich das Wichtigste vergessen. Guck mal, was ich hier habe! *(Er hält den Stein hoch.)*

Stimme: Den Stein! Kasper, du hast es geschafft! Ist es auch der richtige Stein? Schnell, berühre mich! Ich kann es kaum noch erwarten! *(Kasper berührt beide Steine miteinander.)* *(Von leisen Donnerschlägen begleitet taucht die Königin langsam, Stück für Stück vom unteren Bühnenrand herauf.)*

Königin: Es hat geklappt, ich kann es gar nicht fassen! Ich bin kein Stein mehr! Ich brauche nicht mehr auf der kalten Erde zu liegen! Ich bin wieder eine Königin! Und das alles habe ich dir zu verdanken, lieber Kasper. *(Sie umarmt ihn.)*

Kasper: Ach, so schlimm war es gar nicht! Nicht wahr, Kinder?

Königin: Du bist der mutigste Mann, den ich kenne. Ach, was wird sich mein Vater freuen, wenn er mich wiedersieht. Kasper, du darfst dir etwas wünschen. Wenn es geht, werde ich dir jeden Wunsch erfüllen.

Kasper: Och, ich weiß gar nichts ... – Doch, ich habe einen Riesenhunger!

Königin: Dann kommst du am besten gleich mit zum Schloss. Da kannst du essen und trinken, so viel du möchtest. Vielleicht fällt dir unterwegs auch noch ein anderer Wunsch ein.

Kasper: Nein, nein, ich muss dann schnell wieder zum Seppel und ihm alles erzählen. Der wird Augen machen, wenn er hört, was ich erlebt habe. Bestimmt ist er froh, dass er nicht dabei war. Auf Wiedersehen Kinder, bis zum nächsten Mal! Tschüs! *(Die Königin zieht ihn von der Bühne.)*

Das verlorene Spielzeug

Puppenspiel in 3 Akten

◆ Es spielen mit:
Kasper
Großmutter
Gretel
Seppel
Bote
◆ Requisiten:
1. Akt:
ein kleiner Spielzeughund aus

Plüsch, Wäschekorb, mehrere
Wäsche- oder Stoffstücke
3. Akt:
ein Paket, in dem sich der kleine
Hund befindet
◆ Hintergrundbilder:
In allen drei Akten wird das glei-
che Bild benötigt, Großmutters
Wohnung

Spielhinweise

Für dieses Stück benötigt man zwei Puppenspieler, die die Figuren folgendermaßen aufteilen sollten:

1. Spieler: Kasper, Seppel
2. Spieler: Großmutter, Gretel, Bote

Falls jemand das Stück alleine aufführen möchte, muss er die Passage im 1. Akt ändern, in der Großmutter, Kasper und Seppel gemeinsam auftreten. Am besten lässt man dann die Großmutter früher abgehen. Im weiteren Verlauf des Stückes treten dann nur noch je zwei Figuren zusammen auf. Der Bote im 3. Akt kann durch eine beliebige andere Puppe gespielt werden, etwa König ohne Hut oder Polizist ohne Mütze. Bei der Auswahl der Requisiten ist darauf zu achten, dass Gretels Plüschhund kleiner ist als sie selbst. Es soll sich ja um ein Spielzeug handeln. Auch der Korb für die Wäsche sollte der Puppengröße angepasst sein und vom Seppel weggetragen werden können. Als Wäsche eignet sich Puppengarderobe, oder einfach ein paar Stoffstücke.

Das Papier und der Klebstoff für das Päckchen im 3. Akt müssen schon anfangs bereit gelegt werden. In der Pause zwischen dem 2. und 3. Akt kann der Puppenspieler dann den Hund einwickeln und so das Paket herstellen. Es sollte jedoch nicht zu fest zusammengeklebt werden, damit die Gretel es auf der Bühne mit wenigen Handgriffen öffnen kann.

Dieses Stück kann man auch gut ohne Hintergrund spielen. Es genügt ein einfarbiger Vorhang. Wer verschiedene Bilder vorrätig hat, kann in allen Szenen das Bild einer eingerichteten Wohnung verwenden.

1. Akt

(Hintergrund: Wohnung)

Kasper: Großmutter, mir ist so langweilig! Weißt du nicht, was ich tun könnte? – Ach guten Tag, Kinder! Euch habe ich gar nicht bemerkt. Seid ihr schon lange hier? – Aha! Worauf wartet ihr denn? – Was? Auf mich? Oh, das tut mir leid. Mir fällt nämlich heute überhaupt nichts ein. Habt ihr das auch manchmal? Was tut ihr denn dann? Hm ... ja ... Nö, das mag ich auch nicht ...

Großmutter: Hör mal, Kasper! Willst du dir nicht ein Kind zum Spielen einladen?

Kasper: Hm, meinst du? Vielleicht hat die Gretel Lust zu kommen. Kinder, meint ihr, ein anderes Kind abzuholen wäre gut gegen Langeweile? – Na gut, dann probier ich's mal. Ich lauf eben zur Gretel rüber, bis gleich!
(Er geht ab.)

Großmutter: *(kopfschüttelnd)* Das verstehe ich nicht. Der Junge hat doch genug zum Spielen. Aber vielleicht fehlt ihm wirklich nur ein Spielkamerad. Na, ich werde schon mal die schmutzigen Sachen für die Wäscherei zusammensuchen. Der Seppel hat mir versprochen, sie gleich wegzubringen, weil meine Waschmaschine kaputt ist. *(Sie räumt einzelne Wäschestücke in den Korb.)* Hoffentlich denkt er auch daran!

Kasper und
Gretel: Hallo, Großmutter!

Gretel: *(Sie hat einen Stoffhund dabei.)*

Kasper: Sieh mal, was die Gretel bekommen hat.

Gretel: *(zeigt den Hund)* Er heißt Stupsi! Ich hab' ihn von meiner Patentante bekommen.

Großmutter: Ach, ist der niedlich! *(Sie will ihn in die Hand nehmen, aber Gretel versteckt ihn hinter ihrem Rücken.)* Du brauchst keine Angst zu haben, ich will ihn dir nicht wegnehmen. Ich wollte ihn nur mal genauer anschauen. So Kinder, jetzt spielt schön. Ich habe noch in der Küche zu tun. *(Sie geht ab.)*

Kasper: Gibst du mir den Stupsi mal?

Gretel: *(weicht zurück)* Nein, das ist meiner!

Kasper: Ich will ihn doch nur mal streicheln!

Gretel: *(weicht noch weiter zurück)* Nein, du machst ihn mir nur kaputt!

Kasper: Ich pass auch ganz bestimmt auf.

Gretel: Nein, Stupsi gehört mir und keiner darf damit spielen!

Kasper: Das sag ich meiner Großmutter, du blöde Ziege!
(Er geht ab.)

Gretel:	Ich muss Stupsi irgendwo verstecken! Ich will nicht, dass der Kasper damit spielt. Er gehört nur mir! *(Sie schaut sich suchend um und entdeckt den Korb.)*
Gretel:	Ah, ich lege ihn hier unter die Wäsche. Da findet ihn bestimmt keiner, und ich muss ihn nicht abgeben. *(Sie versteckt ihn im Wäschekorb.)* So!
Großmutter:	Gretel, der Kasper baut sich auf dem Hof eine Höhle. Willst du nicht helfen?
Gretel:	Ja, ich komme! *(Sie geht ab.) (Es klopft.)*
Großmutter:	Herein!
Seppel:	Guten Tag. Hast du die Wäsche zusammengepackt? Dann nehme ich sie gleich mit.
Großmutter:	Ja, mein Junge. Das ist nett von dir. Schau, da drüben steht der Korb.
Seppel:	Ist schon recht. *(Er nimmt den Korb mit.)* Ich bring sie dir dann wieder mit, wenn sie sauber ist. Tschüs, bis dann! *(Er geht ab.)*
Großmutter:	Bist ein guter Junge. Ja, ja ... *(Sie geht auch.)*

2. Akt

(Hintergrund: Wohnung)
(Gretel und Kasper kommen zusammen auf die Bühne)

Gretel: Schade, dass ich schon nach Hause muss. Ich hätte so gerne noch in deiner Höhle gespielt.

Kasper: Ja, das war super!

Gretel: *(guckt sich suchend um)* Hier stand doch eben noch ein Wäschekorb. Wo ist der denn geblieben?

Kasper: Ach, den hat der Seppel sicher mit in die Wäscherei genommen. Omas Waschmaschine ist nämlich kaputt. Wieso fragst du denn?

Gretel: *(ganz entsetzt)* Waaas? In die Wäscherei?*(Sie beginnt zu weinen.)* Uhuhuuu ...

Kasper: Jetzt versteh' ich überhaupt nichts mehr. Kinder, wisst ihr, warum die Gretel plötzlich weint?

Gretel: Mein Stupsi, mein armer Stupsi! Jetzt kommt er in die Waschmaschine und in die Schleuder und dann, dann ist er sicher kaputt. Uhuhuuuuu ...

Kasper: Wieso, war der Stupsi denn im Wäschekorb?

Gretel: Ja, ich habe ihn da versteckt, damit du ihn nicht bekommst. Uhuhuhuhuu, der arme Hund. Und ich bin an allem schuld!

Kasper:	Ja, das kommt davon, dass du mich nicht damit hast spielen lassen. Jetzt hat die Wäscherei zu.
Gretel:	Dann geh ich jetzt nach Hause. Uhuu ... Wie mag es nur dem armen Stupsi gehen? *(Sie geht ab.)*

3. Akt
(Hintergrund: Wohnung)
(Es klopft, Kasper öffnet)

Bote:	Guten Tag. Ich komme von der Wäscherei und soll das bei Ihnen abgeben. (Er reicht ihm ein Paket.) Mein Chef meint, das wäre wohl aus Versehen zwischen die Wäsche geraten und vielleicht würde es schon vermisst!
Kasper:	*(nimmt das Paket)* Ach, das ist aber nett. Sagen Sie Ihrem Chef vielen herzlichen Dank.
Bote:	Ja dann – auf Wiedersehen! *(Er geht ab.)*
Kasper:	Auf Wiedersehen. Ich kann mir schon denken, was darin ist. Ihr auch Kinder? Da wird sich die Gretel aber freuen. Was meint ihr? Soll ich sie gleich holen? Gut, aber dann dürft ihr noch nichts verraten. Wir wollen sie überraschen, ja? *(Er geht ab.)* *Nach einer Weile ...*
Gretel:	Ach Kasper, warum sollte ich denn unbedingt mitkommen? Wenn ich hier bin, muss ich immer an meinen armen Stupsi denken!

Kasper: Guck mal! *(Er zeigt ihr das Paket.)* Das ist heute für dich abgegeben worden.

Gretel: Was? Für mich? Wieso denn?

Kasper: Ich weiß nicht. Schau doch einfach mal nach!

Gretel: *(fängt an auszupacken)* Ha, das ist aber komisch. Da steht doch gar nichts drauf. Wieso ... *(Sie findet den Hund.)* Das gibt's doch nicht! Mein Stupsi! *(Sie drückt ihn an sich.)*

Kasper: Ja, der Mann von der Wäscherei hat sich gedacht, dass da was nicht stimmt, und hat ihn zurückgeschickt.

Gretel: Und ihm ist nichts passiert! Gott sei Dank, da bin ich aber froh.

Kasper: Tja, da hast du noch mal Glück gehabt.

Gretel: Kasper ...

Kasper: Ja?

Gretel: *(streckt ihm Stupsi hin)* Hier, möchtest du mal mit ihm spielen?

Kasper: *(erstaunt)* Ja, gerne! *(Er nimmt ihn.)*

Gretel: Es tut mir Leid – du weißt schon! Ich war ja selbst schuld daran, dass Stupsi beinahe etwas Schlimmes passiert wäre. Und ich habe mir vorgenommen, mich nie wieder so dumm zu benehmen.

Kasper: Na, ich bin auch bestimmt vorsichtig. Wir könnten ihn ja mit in unsere Höhle nehmen. Was meinst du?

Gretel: Ja, eine gute Idee – komm!

Beide: Tschüs, Kinder, bis zum nächsten Mal! *(Sie gehen ab.)*

Kasper muss zur Schule

Puppenspiel in 5 Akten

◆ *Es spielen mit:*
**Kasper, Großmutter, Polizist,
Verkäufer, Gretel, Räuber,
Prinzessin**
◆ **Hintergrundbilder:**
**Wohnung oder Schlafzimmer
Straße, Geschäft, Wald**
◆ **Requisiten:**
**1. Akt:
Bettwäsche**

**2. Akt:
rote Ampel, Auto**
**3. Akt:
Bonbontüte, Lutscher,
Geldstücke**
**4. Akt:
Litfasssäule mit Plakat**
**5. Akt:
Räuberhaus, 3 Karten mit
Aufgaben**

Spielhinweise

Dieses Stück ist besonders für Kinder geeignet, die bald in die Schule kommen, da die Thematik auf ihre augenblickliche Situation zugeschnitten ist. Sie erfahren spielerisch etwas über ihre nahe Zukunft.

In diesem Spiel werden wieder – bis auf den Verkäufer – übliche Puppen benutzt. Der Verkäufer, der ja nur kurz auftritt, kann beispielsweise aus dem Seppel entstehen, indem man den Hut entfernt oder durch einen anderen verdeckt. Darüber hinaus braucht man: Brille, Bart und weiße Schürze.

Zur Durchführung des Stückes ist diesmal nur 1 Puppenspieler erforderlich, da in jedem Akt lediglich 2 Puppen auftreten. Wer kann, der zieht noch 1 Spieler der Bequemlichkeit halber hinzu.

Die Puppenaufteilung ist so: 1. Spieler – Kasper, 2. Spieler – Großmutter, Polizist, Verkäufer, Gretel, Räuber, Prinzessin.

Für diese Aufführung sind mehrere Requisiten erforderlich. Im 1. Akt sieht man Kasper im Bett liegen. Dazu legt man etwas Bettzeug aus einem Puppenbett – oder einfach eine doppelt zusammengefaltete kleine Decke – über den vorderen Bühnenrand, sodass ein Stück davon zu den Zuschauern herunterhängt. Dann wird Kasper noch mit einer Decke oder beliebigem Stoff zugedeckt.

Im 2. Akt befestigt man seitlich auf der Bühne 1 Ampel und 1 parkendes Auto. Die Ampel kann z. B. aus 1 leeren Zahnpastaschachtel hergestellt werden.

Man beklebt sie grün und schneidet auf der Vorderseite untereinander 3 gleich große Kreise aus. In die Unterseite der Ampel bohrt man 1 kleines Loch und steckt 1 Stock hindurch. Das ist der Fuß, der hinter der Bühne festgeklebt wird. Dann wird noch ein Schlitz in die Unterseite der Ampel geschnitten. In dem Moment, in dem Kasper über die Straße möchte, steckt man 1 Pappstreifen durch den Schlitz, der im oberen Teil rot ist. So wird auch der obere Kreis der Ampel rot. Möchte man die Ampel noch anderweitig benutzen, so kann man sich noch 2 Streifen mit den Farben Gelb und Grün an der richtigen Stelle anfertigen.

Das parkende Auto schneidet man aus stabiler Pappe zurecht, malt es an und klebt es fest. Es dient jedoch nur zu Dekorationszwecken und kann auch weggelassen werden.

In der gleichen Art muss ein weiteres Pappauto – mit gut sichtbarem Fahrer – angefertigt werden. Man befestigt es an einem stabilen Pappstreifen, damit es von einer Seite zur anderen über die Bühne geschoben werden kann.

Das Quietschen der Bremsen und eventuelles Hupen kann auf Kassette aufgenommen und dann abgespielt werden.

Im 3. Akt benötigt man 1 Bonbontüte, die man selber faltet und mit zerdrücktem Zeitungspapier füllt, sowie 1 kleinen Lutscher und einige Geldstücke.

Für den 4. Akt muss 1 Litfasssäule gebastelt werden. Dazu verwendet man am besten 1 Papprolle (Toilettenpapierrolle). Auf die Öffnungen wird oben und unten 1 größerer Kreis aus Pappe geklebt. Dann wird die Rolle mit allerlei Zeitungsausschnitten verziert. Am auffallendsten sollte das große Plakat mit dem erkennbaren Bild der Prinzessin sein (dieses wird selber gemalt). Darunter schreibt man – gut lesbar – „Achtung, Achtung!"

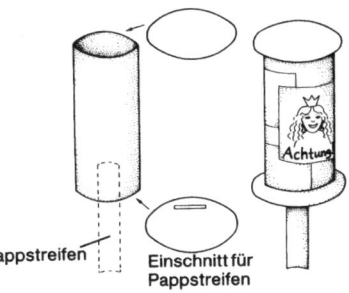

Pappstreifen   Einschnitt für
Pappstreifen

Im 5. Akt zeigt der Räuber dem Kasper 3 Karten mit
Aufgaben. Diese schneidet man aus verschiedenfarbigem
Tonpapier aus. Die 1. Karte zeigt die Abbildung einer
Ampel. Auf der 2. Karte steht ein langes Wort in großen
Buchstaben: RÄUBERHAUPTMANNSHÖHLENEIN-
GANG, auf der 3. Karte sieht man eine lange Zahlen-
reihe (Rechenaufgabe). Das Hintergrundbild des 1. Aktes
zeigt eine Wohnung oder ein Schlafzimmer. Im Vorder-
grund ist, wie schon beschrieben, Kaspers Bett deutlich
zu sehen.

Im 2. Akt ist der Hintergrund eine verkehrsreiche Straße.
Man sieht auf der anderen Straßenseite ein Geschäft mit
Süßigkeiten. Daneben ist ein Fußgängerüberweg mit Am-
pel. Im Vordergrund stehen 1 Ampel und 1 parkendes Auto.
Im 3. Akt sieht man das Geschäft von innen. Die
Gestaltung dieses Bildes bleibt jedem selbst überlassen.

Im 4. Akt ist wieder die Straße im Hintergrund, diesmal
mit der Litfasssäule im Vordergrund.

Im 5. Akt bleibt der Vorhang zuerst geschlossen. Später
sieht man im Hintergrund den Wald mit dem Räuberhaus. Dieses Haus kann man auf das normale Wandbild
aufkleben, um Arbeit zu sparen.

Der Schluss des Stückes wird wieder vor geschlossenem
Vorhang gespielt.

1. Akt

(Anfangs wird vor geschlossenem Vorhang gespielt, dann Hintergrund: Wohnung oder Schlafzimmer.)

Kasper: Guten Tag Kinder! Da bin ich wieder. Kennt ihr mich noch? Ja, ich bin der Kasper. Seid ihr denn auch alle gekommen? Dann passt einmal auf! Ich möchte euch nämlich eine Geschichte von mir erzählen, als ich noch klein war. Das heißt: Ich war ungefähr so groß wie ihr und sollte in die Schule kommen. – Freut ihr euch denn alle auf die Schule? – Ja, das ist auch gut so. Da lernt man viele nützliche Sachen. Ich wusste das damals nur nicht. Ich war noch richtig dumm. Aber das will ich euch jetzt vorspielen. Passt gut auf! Bis gleich ... *(ab)*
(Hintergrund: Wohnung)

Kasper: *(liegt im Bett und schläft.)* Chrrr, chrrr ...

Großmutter: *(kommt, um ihn zu wecken)* Kasper, aufstehen! Es ist 7 Uhr, und du hast doch heute deinen ersten Schultag! – He, du Faulpelz, wach doch auf!

Kasper: *(gähnt)* Lass mich in Ruhe, ich bin noch müde, uaahhh. *(Er dreht sich um und schläft weiter.)*

Großmutter: Das gibt es doch nicht. Alle Kinder freuen sich auf die Schule und du schläfst lieber! – Los, raus aus dem Bett!

Deine Schultüte ist auch schon gepackt. Du musst dir noch den Hals und die Ohren waschen und dein Schulbutterbrot einpacken.

Kasper: *(träge)* Ich habe aber keine Lust. Ich will jetzt lieber schlafen, und nachher spiel ich mit meinen Freunden. Die Schule ist doch doof! Ich bin schon so schlau genug.

Großmutter: Kinder, Kinder, hört euch das an. Sagt ihm doch auch mal etwas. Der Kasper muss doch in die Schule, nicht wahr?

Kasper: Die Kinder sind doch alle dumm! Draußen spielen ist viel schöner. – So, und jetzt lasst mich alle in Ruhe. Ich will endlich schlafen. *(gähnt und schnarcht kurz darauf)*

Großmutter: Tja, da kann ich auch nichts mehr machen. Mehr als zureden kann man ihm nicht. Er wird schon selber sehen, was er davon hat. Nein, nein, so was aber auch. Das habe ich noch nie erlebt, und ich bin schon alt. *(kopfschüttelnd ab)*

2. Akt

(Hintergrund: Straße)

Kasper: So, jetzt bin ich ausgeschlafen und will mit dem Seppel und der Gretel spielen. Das ist viel lustiger als Schule. Hallo Seppel, Gretel! Kommt ihr spielen? – Gretel! Seppel! – Nanu, wo sind sie denn? Ob die etwa auch in die Schule gegangen sind? Was meint ihr, Kinder? – Na ja, da sind sie selber schuld. Dann spiele ich eben alleine. Ist ja auch schön. Hm, ich glaube, ich hole mir ein paar Bonbons. Kirschbonbons mag ich nämlich für mein Leben gerne. Gleich über die Straße ist ein Geschäft. *(Man sieht eine rote Ampel, Kasper läuft über die Straße, ein Auto bremst quietschend.)* Was soll das denn? Kann der Autofahrer denn nicht aufpassen? Beinahe hätte er mich überfahren.

Polizist: *(kommt drohend auf ihn zu)* He Junge, komm mal her! Was habe ich denn da gesehen? Hast du denn nicht bemerkt, dass die Ampel rot war? Du hast noch Glück gehabt, dass das Auto so schnell gebremst hat.

Kasper: Ampel? Rot? Was bedeutet das denn? Kinder, was erzählt der Mann da? Ich kann doch über die Straße gehe, wann ich will, oder?

Polizist: Jetzt muss ich aber ernsthaft böse werden. Durch deine Schuld wäre beinahe ein Unfall passiert, und du tust, als könntest du nichts dafür! Jedes Kind lernt doch in der Schule, dass man nicht bei Rot über die Straße gehen darf. Ich glaube, das wissen sogar schon die Kindergartenkinder, nicht wahr? – Wann darf man denn über die Straße gehen? – Richtig – bei Grün! Merke dir das, Junge! Hast du das denn noch nicht in der Schule gelernt?

Kasper: Pah, ich gehe nicht in die Schule. Das habe ich nicht nötig.

Polizist: Na, dann pass mal auf, dass du nicht im Krankenhaus landest. Nächstes Mal, wenn ich so etwas sehe, bekommst du ein Protokoll und musst Strafe bezahlen. Merk dir das! *(ab)*

3. Akt

(Hintergrund: Geschäft)

Kasper:	Guten Tag, ich hätte gerne eine Tüte Kirschbonbons und einen Lutscher!
Verkäufer:	Bitte sehr, das kostet 50 + 20 = 70 Cent!
Kasper:	Hier, bitte! *(reicht ihm 10 Cent)*
Verkäufer:	Nein, nein, das sind ja nur 10 Cent! Das reicht nicht, 70 Cent habe ich gesagt. Oder willst du mich betrügen?
Kasper:	Wieso?
Verkäufer:	Ja kennst du denn noch kein Geld? Für 10 Cent bekommst du nichts. Da musst du erst nach Hause gehen und mehr Geld holen. Es tut mir leid, aber so lange musst du die Bonbons hier lassen. *(nimmt sie zurück)*
Kasper:	Na dann, auf Wiedersehen! – Heute geht aber auch alles schief. Dabei mag ich doch so gerne Kirschbonbons. – Da bleibt mir wohl nichts anderes übrig, als nach Hause zu gehen.

4. Akt

(Hintergrund: Straße mit Litfasssäule)
ein halbes Jahr später ...

Kasper: Jetzt ist schon ein halbes Jahr um. Es ist doch ziemlich langweilig. Morgens sind immer alle meine Freunde in der Schule. Nachmittags müssen sie Hausaufgaben machen. Ich habe die ganze Zeit nichts zu tun. – Ich könnte ihnen ja heute mal entgegengehen. – Was ist das denn? *(Er bleibt vor der Litfasssäule stehen.)*
Da auf dem Plakat ist ja ein Bild von der Prinzessin! Seht ihr das, Kinder? – Darunter steht etwas in großen Buchstaben geschrieben. Aber ich weiß nicht, was. Jetzt bin ich doch neugierig. Wenn ich nur lesen könnte. – Ach, da kommt ja gerade die Gretel! Die kann es mir bestimmt vorlesen. Sie ist ja in der Schule. Gretel! Huhuuu, Gretel!

Gretel: *(kommt auf den Kasper zu)* Was ist denn, Kasper? War es dir mal wieder zu langweilig? So ohne uns?

Kasper: Gretel, guck doch mal! Hier ist ein Plakat mit dem Bild der Prinzessin. Du kannst doch schon lesen. Bitte lies mir vor, was da steht.

Gretel: Ja gut: Achtung, Achtung! Wichtige Mitteilung! Der Räuber hat die Prinzessin geraubt. Wer sie befreien will, muss drei schwierige Aufgaben lösen. Kann er die Fragen nicht richtig beantworten, muss er zum Arbeiten in der Räuberhöhle bleiben. – Der Stadtdirektor.

Kasper: Die arme Prinzessin. Ich werde sie sofort befreien.

Gretel: Nein, das kannst du nicht! Wie willst du denn die drei Aufgaben lösen? Geh lieber erst mal in die Schule.

Kasper: Ja, ich glaube, du hast Recht. Da wird mir wohl nichts anderes übrig bleiben. Ich kann ja noch nicht einmal lesen. – Gleich morgen früh gehe ich mit dir in die Schule. Wenn ich fleißig bin, kann ich die Prinzessin bestimmt bald befreien.

5. Akt

(Anfangs wird vor geschlossenem Vorhang gespielt, dann Hintergrund: Wald.)
ein halbes Jahr später ...

Kasper: So Kinder, da bin ich wieder. Ein halbes Jahr war ich schon in der Schule und habe fleißig gelernt. Es war doch nicht so schlecht, wie ich gedacht habe. Oft hat es sogar richtig Spaß gemacht, und ich habe eine ganze Menge gelernt. Ich glaube, ich war vorher ganz schön dumm. Ich hätte besser gleich auf euch hören sollen. Aber jetzt kann ich bestimmt die Aufgaben des Räubers lösen. Wir haben gerade Ferien, und ich mache mich gleich auf den Weg in den Räuberwald. *(Hintergrund: Wald)*

Kasper:	*(singt)*
	Tritratrullala, tritratrullala,
	Kasperle ist wieder da.
	Und die Kinder freu'n sich sehr,
	doch der Kasper noch viel mehr,
	trullalla, trullalla,
	Kasperle ist da!
	Ach, da ist ja schon das Räuberhaus. Mal sehen, wo der Räuber steckt. *(ruft)* Räuber! – Räuber!
Räuber:	*(kommt)* Aha, sieh mal an, der Kasper! Das hab ich mir doch fast gedacht. Warum hat es denn so lange gedauert, bis du gekommen bist? Hattest du etwa Angst? Hohoho! Ich hab' schon auf dich gewartet.
Kasper:	Das geht dich überhaupt nichts an. Ich will die drei Aufgaben lösen und die Prinzessin mitnehmen.
Räuber:	Hohoho, stell dir das nur nicht so einfach vor. Erst musst du die Lösung wissen. Für einen Jungen, der nicht zur Schule geht, dürfte das unmöglich sein. Hoho, ich glaube, ich bekomme bald einen guten Arbeiter für meine Räuberhöhle, hoho!
Kasper:	*(leise)* Wenn der wüsste ... – Also, was ist jetzt? Wo sind die Aufgaben?
Räuber:	Nicht so hastig! Die Arbeit läuft dir nicht davon.
Kasper:	Papperlapapp! Ich habe nicht vor, bei dir zu arbeiten. Du wirst dich noch wundern.

Räuber: Moment! *(Er verschwindet und kommt mit drei Karten zurück.)* So, da sind die drei Aufgaben. Hier ist gleich die erste: Was siehst du auf dem Bild, und was bedeutet es? *(Er hält die Karte hoch.)*

Kasper: Das weiß doch jedes Kind. Das ist eine Ampel. Bei Rot muss man stehen, bei Grün darf man gehen.

Räuber: Donnerwetter, das kam ja wie aus der Pistole geschossen. Das hätte ich nicht gedacht. Aber die nächste ist schwerer.

Räuber: Hier! *(hält die nächste Karte hoch)*
Lies mir dieses Wort vor!

Kasper: Räuberhauptmannshöhleneingang – puh, das war aber ein langes Wort. Aber es ist noch einmal gut gegangen.

Räuber: Potz Blitz und Wolkenbruch! Woher kannst du denn plötzlich lesen? Ich verstehe das nicht. Aber nun kommt noch die dritte Aufgabe. Rechne mir diese Aufgabe aus! *(hält die letzte Karte hoch)*

Kasper: $10 + 2 + 3 - 5 - 10 + 3 - 2 = ...$ Hm, hmmmm

Räuber: Das weiß er nicht! Hohoho

Kasper: 1!!!

Räuber: Schwefelsbrand und Feuersbrand! Dieser Teufelskerl hat doch tatsächlich alles gewusst! Das gibt es doch gar nicht. Woher wusstest du das alles!

Kasper: Ja-ha, ich bin in die Schule gegangen!

Räuber: Das hätte ich eher wissen müssen. Dann hätte ich dich gar nicht hereingelassen. Aber jetzt ist es zu spät. Du sollst die Prinzessin haben. *(ab)*

Kasper: Genau, zu spät! Prinzessin, Prinzessin, komm! Du bist frei!

Prinzessin: *(kommt)* Wer ruft mich da? Ach Kasper, du bist es! Endlich bist du da. Ich habe schon soo auf dich gewartet. Warum hat es denn so lange gedauert, bis du gekommen bist?

Kasper: Ja weißt du, das ist eine lange Geschichte. Ich erzähle sie dir unterwegs, komm! *(Sie gehen los.)* Also, ich war zu faul, um in die Schule zu gehen. Da habe ich ein Plakat gesehen, die Gretel hat es mir vorgelesen. *(immer leiser, ab)*

Kasper: *(vor geschlossenem Vorhang)* So Kinder, das war meine Geschichte. Hat sie euch gefallen? Das hättet ihr wohl nicht gedacht, dass ich einmal so dumm war, oder? – Aber jetzt weiß ich es ja besser. Und ihr hoffentlich auch, nicht? Ich wünsche euch jedenfalls viel Erfolg und Freude in der Schule. Vielleicht komme ich mal gucken, wie es euch geht. Einverstanden? Also dann, viel Glück – auf Wiedersehen!

Gefährliche Pullover

Puppenspiel in 5 Akten

◆ Es spielen mit:
Kasper
Gretel
Seppel
Großmutter
Hexe
Prinzessin
Geist
Esel
verschiedene Tiere
◆ Requisiten:
1. Akt:
gestrickter Pullover, 2 Tücher
zum Zudecken
2. Akt:
Strickzeug
3. Akt:
Pullover (siehe 1. Akt), Umhang,
Kopftuch

4. Akt:
Topfdeckel zum Krachmachen,
Stein, Plastiktüte mit Erde
5. Akt:
Erde (siehe 4. Akt), Topfdeckel
◆ Hintergrundbilder:
1. Akt:
anfangs geschlossener Vorhang,
später Wohnung
2. Akt:
Wald
3. Akt:
anfangs geschlossener Vorhang,
später Wohnung
4. Akt:
geschlossener Vorhang
5. Akt:
Wald

Spielhinweise

Dieses Stück sollte von zwei Puppenspielern aufgeführt werden:

1. Spieler: Kasper, Seppel, Prinzessin, verschiedene Tiere

2. Spieler: Gretel, Großmutter, Hexe, Geist, Esel, verschiedene Tiere

Die Tiere, die in dieser Geschichte vorkommen, sind beliebig. Es können die Puppen verwendet werden, die vorhanden sind. Der Esel im letzten Akt kann durch ein anderes Tier ersetzt werden dann den betreffenden Text jedoch entsprechend ändern. Die Anzahl der Tiere ist ebenfalls nicht genau festgelegt. Stehen vier Tierpuppen zur Verfügung, so setzt man eine an die Stelle des Esels. Die anderen treten im 5. Akt mit Kasper zusammen auf. Eins dieser drei restlichen Tiere ist schon kurz am Anfang des 4. Aktes mit der Hexe zusammen zu sehen.

Wenn im letzten Akt nur drei Tierpuppen vorhanden sind, so werden auch nur drei wieder in Personen zurückverzaubert. Eine dieser Personen muss die Gretel sein, eine andere die Prinzessin – und vielleicht noch der Seppel. Sollen noch mehr verzauberte Personen auftreten, erscheinen diese einfach vom Bühnenrand her und verschwinden sofort wieder beim Erscheinen der Hexe.

Der in diesem Stück auftretende Geist kann aus einer Puppe hergestellt werden, die sonst nicht benötigt wird. Man stülpt ihr ein viereckiges, einfarbiges Stück Stoff über den Kopf, das am Hals abgebunden wird. Jetzt wird noch das Gesicht aufgemalt, und der Geist ist fertig.

Vor dem Auftreten der Hexe im 3. Akt wird ein rechteckiges Stück Stoff als Umhang um ihren Hals gelegt, das man vorne einfach zuknotet. Ein dreieckiges Stück Stoff dient als Kopftuch. Das Erscheinen des Geistes im 4. Akt wird durch lautes Getöse begleitet, das man mit zwei Topfdeckeln erzeugt. Wenn man die Topfdeckel aneinander reibt, erzeugen sie einen leiseren Ton, der die Verwandlung der Tiere im letzten Akt begleitet.

In diesem Stück spielen die Pullover eine wichtige Rolle. Da jedoch nie alle auf einmal zu sehen sind, kommt man mit einem einzigen Pullover aus, der einer Kinderpuppe gehören könnte. Aus diesem Grunde sind auch Seppel und Großmutter im ersten Akt zugedeckt. Sonst müssten sie beide den gleichen Pullover wie die Gretel anhaben.

Das Strickzeug der Hexe im 2. Akt sollte farblich zu den Pullovern passen. Man strickt einfach ein paar Reihen aus dicker Wolle und steckt statt der Nadeln Schaschlik-stäbchen durch die Maschen.

1. Akt
(Hintergrund: geschlossener Vorhang)

Gretel: *(hat einen Pullover an und läuft auf Kasper zu)* Kasper, schau! Wie gefällt dir mein neuer Pullover! Ich habe ihn gerade ganz billig auf dem Markt gekauft. Der Seppel und die Großmutter holen sich auch einen. Oh, ich muss mich setzen. Mir wird ganz schwach. Ich bin sicher zu schnell gelaufen. *(Sie setzt sich.)*

Kasper: Ja, der Pullover ist schön. Der würde mir auch gefallen. Gibt es den auch noch in anderen Farben?

Gretel: *(spricht ganz langsam)* Ja, ich – glau – be – schoon.

Kasper: Und wie teuer war er?

Gretel: Ich – weiß – nicht – mehr, es ist – so ... *(Sie fällt um.)*

Kasper: O je Gretel! *(Er schüttelt sie.)* Was ist los mit dir? Sag doch was! *(Er hält das Ohr an ihr Gesicht.)* Na so was! Sie schläft. Habt ihr das schon mal gesehen, Kinder? Wie kann man denn nur so plötzlich einschlafen? *(Er schüttelt den Kopf.)* Na, ich glaube, ich lege sie besser ins Bett, was meint ihr? *(Er nimmt sie auf die Arme und geht ab).*

(Der Vorhang öffnet sich, Hintergrund: Wohnung) (Seppel und Großmutter liegen zugedeckt über dem Bühnenrand und schnarchen. Kasper trägt Gretel auf die Bühne.)

Kasper: Was ist denn hier los? Ist etwa die Schlafkrankheit ausgebrochen? *(Er legt Gretel dazu.)* Ich möchte nur mal wissen, was die drei heute Nacht gemacht haben, dass sie so müde sind. Na, ich glaube, ich komme später noch mal wieder. Vielleicht sind sie dann ausgeschlafen. *(Er geht ab.)*

2. Akt
(Hintergrund: Wald)

Hexe: *(strickt)* 1 rechts, 1 links, 1 Umschlag – 1 rechts, 1 links, hihihi, gleich ist der nächste Pullover fertig. Fünf habe ich schon verkauft, hihi. Das war eine tolle Idee mit dem Pulloverzauber, hehehe! *(Sie strickt weiter.)* 1 rechts, 1 links, 1 rechts, 1 links – gleich kann ich den Zauber für diesen Pullover sprechen. *(Sie legt das Strickzeug ab und tanzt drum herum.)* Lirum, larum, Löffelbein, Pullover sollst verzaubert sein! Wer dich trägt, der schlafe ein, lirum, larum und sei mein!

Hihihi, ich bin mal gespannt, wer diesen Pullover kauft. Sobald er ihn anzieht, wird er in einen tiefen Schlaf fallen und hört nur noch auf meine Befehle, hihihi. Ich muss jetzt nachsehen, ob die Gretel, der Seppel und die Groß-mutter schon schlafen. Und ins Schloss muss ich auch noch, der König und die Königin haben auch einen Pull-over gekauft ... hihi. *(während sie abgeht)* Bald wird die ganze Stadt verzaubert sein. Dann werde ich alle in nied-liche kleine Tierchen verwandeln und an den Hexenmeis-ter Schlangenschwanz verkaufen. Hihihi, der wird sich freuen – und ich ziehe dann ins Schloss. Das wird ein Leben!

3. Akt

(Hintergrund: geschlossener Vorhang)
(Prinzessin und Kasper gehen spazieren)

Prinzessin: Ja Kasper, es war ganz seltsam. Meine Eltern waren in der Stadt, und als sie zurückkamen, wurden sie plötzlich so müde und schliefen ein.

Kasper: Komisch, genauso war es bei der Gretel – und hatte sie nicht gesagt, Großmutter und Seppel wollten auch zum Markt? Kinder, Kinder, ich hab' das Gefühl, irgendetwas stimmt hier nicht!

Hexe: *(mit Kopftuch und Umhang verkleidet)* Pullover zu ver-kaufen! Schöne handgestrickte Pullover, nur 5 Euro das Stück!

147

Prinzessin:	Oh, das ist aber billig! *(Sie nimmt den Pullover in die Hand.)* Ich glaube, meine Eltern haben sich etwas Ähnliches gekauft. Hier, gute Frau, sind 5 Euro. Ich behalte ihn. *(Die Hexe nimmt das Geld, verneigt sich und geht kichernd ab.)*
Kasper:	Ich weiß nicht, irgendwie kam mir die Frau bekannt vor. Zeig mal den Pullover! *(Er nimmt ihn.)* Kinder, hatte die Gretel nicht auch so einen? Mein dicker Zeh sagt mir: Hier ist etwas faul, oberfaul! *(Er nimmt die Prinzessin an die Hand.)* Komm, wir wollen eben mal bei der Großmutter reinschauen! *(Beide gehen ab.)*
	(Der Vorhang öffnet sich, Hintergrund: Wohnung)
Kasper:	*(kommt mit der Prinzessin auf die Bühne und guckt sich um)* Komisch, alles leer! Vorhin schliefen alle drei noch ganz fest.
Prinzessin:	Sie sind sicher inzwischen wach geworden. *(Sie zieht den Pullover an.)* Mal sehen, ob er passt. *(Sie dreht sich herum.)* Was meinst du?
Kasper:	Ich hab' so ein ungutes Gefühl.
Prinzessin:	*(streicht sich über die Stirn)* Oh, ich glaube, ich lege mich ein paar Minuten hin. Mir wird sooo – *(Sie fällt um.)*
Kasper:	Das gibt's doch nicht! Ich muss sofort die anderen suchen und rauskriegen, was dahinter steckt. *(Er geht ab.)*

4. Akt

(Hintergrund: geschlossener Vorhang)

Hexe:	*(mit einem Tier)* Hihihi, ich habe schon einen richtigen kleinen Zoo zusammen. Hier, das ist die Prinzessin! Kaum wiederzuerkennen, was? – Zum Schluss schnappe ich mir den Kasper. Der Hexenmeister wartet schon. *(Geht ab.)*
Kasper:	Nichts, keine Spur! Alle sind verschwunden. Kinder, wisst ihr vielleicht, was passiert ist? *(Er lässt sich alles von den Kindern erzählen und stellt einige Zwischenfragen.)* Ist das wahr? Was mache ich da bloß! Ich kann doch nicht zaubern. *(Er setzt sich.)* Hm ... *(mit lautem Getöse taucht plötzlich der Waldgeist auf)* Huch! *(Kasper macht einen Satz.)* Wer bist du denn?
Geist:	Ich bin der Waldgeist und will dir helfen.
Kasper:	Mir? Warum?
Geist:	Die Hexe ist eine alte Feindin von mir, ich wünsche ihr alles Schlechte! Sie hat deine Freunde in Tiere verzaubert und es wird Zeit, dass du sie befreist. Sie will nämlich alle an den Hexenmeister Schlangenschwanz verkaufen.
Kasper:	Was soll ich denn nur tun?
Geist:	Pass gut auf! Hier gebe ich dir einen Stein. Es ist ein Wunderstein! Behalte ihn immer in der Tasche, und du bist gegen jeden Zauber geschützt.

Kasper: Oh, das ist gut. *(Er steckt den Stein ein.)*

Geist: *(reicht ihm einen Beutel mit Erde)* Hier ist noch ein Beutel mit Zaubererde! Er reicht für zwei Wünsche. Wenn du einen Wunsch hast, streue die Hälfte davon aus und sage dabei deinen Wunsch. Er wird erfüllt werden. Viel Glück! *(Er verschwindet wieder.)*

Kasper: Danke, lieber Geist! Deine Hilfe kam genau im richtigen Moment. Dann will ich mich mal aufmachen zum Hexenwald. Hoffentlich klappt alles! Drückt mir die Daumen!

5. Akt
(Hintergrund: Wald)
(Kasper ist umringt von verschiedenen Tieren.)

Kasper: So, die Hexenwohnung habe ich gefunden. Die Hexe scheint nicht zu Hause zu sein. Ob das hier meine Freunde sind, Kinder? *(Er zeigt auf die Tiere.)* Ja, meint ihr? Dann werde ich sie jetzt zurückverwandeln. Wie war das noch? Die Hälfte der Erde ausstreuen ... *(tut es)* So, ich möchte, dass alle Tiere wieder ihre ursprüngliche Gestalt erhalten. *(Unter leisen Geräuschen verschwindet ein Tier nach dem anderen unter dem Bühnenrand und kommt als Person wieder hervor.)*

Hexe: *(erscheint, die Puppen verstecken sich, bis auf den Kasper)* Was ist hier los? Wer vergreift sich an meinem Eigentum? Ha! Der Kasper! Das wirst du noch bereuen. Diese Tiere gehören mir, und du wirst auch gleich dazugehören! *(Sie beschreibt mit dem Arm Kreise und deutet zum Schluss auf Kasper.)* Ene – meme – Katzenmist, der Kasper jetzt ein Esel ist! *(nichts passiert)*

Kasper: Gott sei Dank, der Stein wirkt, und der Zauber kann mir nichts anhaben.

Hexe: *(hüpft auf und ab)* Ein Esel, ein Esel! Das verstehe ich nicht. Du sollst ein Esel werden, sofort!

Kasper: Moment, ich hab ja noch die Erde für den zweiten Wunsch. *(Er streut sie aus.)* Die Hexe soll sich in einen Esel verwandeln!

Hexe: *(sinkt unter die Bühne und kommt als Esel wieder hoch, anfangs redet sie noch)* Was soll das heißen? Ich bin hier die Hexe und kann zaubern! Seit wann kann ein Kasper – I-aa, i-aa ...

Kasper: So, die hätten wir unschädlich gemacht. Jetzt muss ich mich aber schleunigst bei dem guten Geist bedanken. Ohne seine Hilfe wäre ich jetzt ein Esel.

Gretel: *(kommt hervor und fällt ihm um den Hals)* Kasper, Kasper! Wie hast du das nur geschafft?

Kasper: *(fasst sie an der Hand)* Komm mit, das erzähl ich dir unterwegs. Wie geht es den anderen?

Gretel: Sie sind alle wohlauf. Sie sind schon vorausgegangen. Die Königsfamilie will dir zu Ehren heute Abend einen großen Ball geben. Alle sind eingeladen.

Kasper: Oh, das wird sicher toll! Hier, den Esel nehme ich mit in den Tiergarten. Da kann er nichts mehr anstellen. Tschüs Kinder, bis zum nächsten Mal!

Vorsicht, Krokodil entlaufen

Puppenspiel in 5 Akten

◆ *Es spielen mit:*
Kasper, Großmutter, Polizist
Gretel, Krokodil
Direktor Bohnenstange
◆ *Hintergrundbilder:*
Garten, Wohnung
Wald, Zirkus

Requisiten:
3. Akt
Kochgeschirr
4. Akt:
Stein, dickes Seil, Puppe

Spielhinweise

Die Kasperlefiguren für diese Aufführung sind – mit Ausnahme des Zirkusdirektors – sicherlich vorhanden. Direktor Bohnenstange kann jedoch schnell aus einer beliebigen anderen männlichen Puppe entstehen. Möchte man z. B. den Räuber oder den Zauberer verändern, so entfernt man die Kopfbedeckung oder wechselt sie aus. Dadurch wirkt die Puppe schon anders. Zieht man ihr dann noch einen weiten Umhang an, wird niemand mehr hinter dem „neuen" Zirkusdirektor den Räuber oder andere, bereits bekannte Puppen vermuten. Wer noch ein Übriges tun möchte, verändert das Gesicht durch eine Brille, und die Verwandlung ist perfekt. Das Stück lässt sich bis auf das letzte Bild von 1 Puppenspieler aufführen, obwohl dann der Wechsel der Puppen teilweise ziemlich rasch erfolgen müsste. Es stehen sich zwar auch hier nur jeweils 2 Gesprächspartner gegenüber, aber es sind 4 Puppen gleichzeitig auf der Bühne (Kasper, Polizist, Direktor, Krokodil). Auch wenn immer nur 2 Puppen aktiv sind, ist das für einen einzigen Spieler zu schwierig. Dann müsste nämlich jede Hand mit einer Puppe noch eine zweite Puppe festhalten und etwas bewegen. Sind von Anfang an 2 Puppenspieler dabei, bietet sich folgende Aufteilung an:

1. Spieler – Kasper, Krokodil;
2. Spieler – Großmutter, Polizist, Gretel, Direktor.

Ungeübten Puppenspielern empfehle ich, die Szene, in der das Krokodil eingefangen wird, vorher zu üben, damit sich die Puppen an dieser Stelle der Aufführung nicht gegenseitig behindern. Das zerstört nämlich den spontanen Eindruck der Szene.

Für dieses Theaterstück benötigen Sie nur sehr wenige Requisiten.

Im 3. Akt braucht man eine kleine Pfanne oder einen Topf sowie einen Löffel aus der Puppenküche. Wer nicht darüber verfügt, kann das Kochgeschirr aus einer schnelltrocknenden Modelliermasse formen und anmalen.

Im 4. Akt spielt Gretel mit ihrer Puppe, die nur etwas kleiner als Gretel sein muss.

Kurz darauf bringt Kasper 1 Stein mit auf die Bühne, der so bemessen sein muss, dass er in das Maul des Krokodils passt. Das Seil des Polizisten ist eine Kordel.

Die Hintergrundbilder sind auch sehr einfach gehalten. Im 1. Akt ist es der Garten, im 2. Akt die Wohnung. Wer möchte, kann hier einen Küchenherd ausschneiden, anmalen und am vorderen Bühnenrand befestigen.

Im 4. Akt steht der Wald im Hintergrund, im 5. Akt der Zirkus. Wer für diesen letzten Akt kein Bild herstellen möchte, kann vor geschlossenem Vorhang spielen, an dem Fähnchen und Papierzelt mit Stecknadeln befestigt werden. So wird etwas von der Zirkusatmosphäre wiedergegeben.

155

1. Akt

(Hintergrund: Garten)

Kasper:	Guten Morgen Kinder. Aaach! *(Er rekelt sich.)* Heute früh scheint die Sonne ja wieder einmal herrlich. Ich könnte eigentlich der Großmutter Bescheid sagen, sie soll zum Frühstück auf die Terrasse kommen. Oomaa, Großmutter, bringst du bitte das Geschirr auf die Terrasse, dann decke ich den Tisch hier draußen. – Hast du mich gehört? Ooooomaaaa! – Ach es ist schrecklich. In letzter Zeit kann die Großmutter immer schlechter hören und auch sehen. Sie wird eben alt. Und außerdem setzt sie nie ihre Brille auf. Sie ist überhaupt richtig vergesslich geworden. Manchmal ist es auch zu lustig. Gestern hat sie zum Beispiel gesagt: Kasper, hast du nirgendwo meine Strickjacke gesehen? – Und dabei hatte sie sie an! Hahaha, könnt ihr euch das vorstellen? – Na, aber lieb ist sie trotzdem. Sie kocht den besten Pudding der Welt, und Kuchen backen kann sie … hmmmmm! *(Die Großmutter kommt.)* Ach, da kommt sie ja. – Guten Morgen Großmutter, wo kommst du her? *(lauter)* Ich habe gefragt, wo du herkommst!
Großmutter:	Ich bin noch etwas im Garten spazieren gegangen und habe nachgeguckt, wie die Blumen gewachsen sind.
Kasper:	Du kannst ja nach dem Frühstück noch mal gucken gehen.

Großmutter: Ja, ja, Spargel muss ich auch säen.

Kasper: Habt ihr das gehört, Kinder? Sie hat wieder kein Wort verstanden. *(laut)* Wachsen die Blumen denn gut?

Großmutter: Ja, ja, ich habe immer frischen Mut. Ich kann mich nicht beklagen.

Kasper: Ach, es hat gar keinen Zweck.
(noch lauter) Kommst du jetzt frühstücken?

Großmutter: Ich wollte dich fragen, ob du hereinkommst. Das Essen ist fertig.

Kasper: Dann wird es doch nichts mit dem Essen auf der Terrasse. Macht auch nichts. *(laut)* Ja, Oma, ich habe schon einen Bärenhunger! *(Er nimmt die Großmutter am Arm.)*

Großmutter: Du Kasper, Juhuuuu Kasper – ich habe gerade etwas sehr Seltsames gesehen. Im Blumenbeet, hihihi.

Kasper: Was sie wohl wieder gesehen hat?

Großmutter: Ja ja, einen großen grünen Frosch mit einem riesigen Maul und furchtbaren Zähnen. Er hat alle unsere schönen Tulpen gefressen.

Kasper: Das hast du doch sicher nur geträumt. Außerdem kannst du sowieso nichts sehen. Du hast doch wieder deine Brille nicht aufgesetzt. Wer weiß, was das war. Komm jetzt ins Haus. Mein Magen knurrt schon. *(beide ab)*

2. Akt

(Es wird vor geschlossenem Vorhang gespielt.)

Polizist: Wo ist der Kasper? Kinder, habt ihr vielleicht gesehen, wo der Kasper steckt? – Ach, er frühstückt gerade. Dazu hat er auch später noch Zeit. Kasper, Kaaasper! Komm mal schnell.

Kasper: *(kommt)* Wer ruft mich denn da? Ach, der Polizist Zwiebelmeier. Guten Morgen, Herr Polizist. Trinken Sie eine Tasse Kaffee mit uns?

Polizist: Nein, dazu haben wir keine Zeit. Du musst uns unbedingt helfen, komm.

Kasper: Wollen Sie nicht wenigstens noch die Großmutter begrüßen, sie würde sich sehr freuen.

Polizist: Später, später, du musst jetzt erst einmal mitkommen!

Kasper: Was ist denn passiert? Ist es so eilig?

Polizist: *(flüstert)* Heute morgen ist aus dem Obersdorfer Zoo das Krokodil entlaufen. Es muss sich irgendwo in unserer Stadt aufhalten. Stell dir mal vor, was da alles passieren kann. Außerdem braucht der Zirkusdirektor Bohnenstange das Krokodil heute Nachmittag zu seiner Vorstellung. Er hat eine Belohnung für den ausgesetzt, der es wieder einfängt.

Kasper: Hm, hm.

Polizist: Aber wie sollen wir es bloß einfangen? Niemand traut sich
            in seine Nähe. Es hat ja soo ein großes Maul und soooo
            lange Zähne. *(Er zeigt die Größe mit den Händen.)*

Kasper: Hm, hm.

Polizist: Hörst du mir überhaupt zu?

Kasper: Hm, hm. Die Großmutter ...

Polizist: Du sollst jetzt nicht an die Großmutter denken, sondern
            an das Krokodil.

Kasper: Aber ich glaube, die Großmutter hat es heute morgen
            gesehen. Moment mal. *(ab)*

Polizist: Was ist denn bloß mit dem Kasper los? Ich glaube, er ist
            mit seinen Gedanken ganz woanders.

Kasper: *(kommt zurück)* Ja, ich hatte Recht. Das Krokodil war heute
            morgen bei uns im Garten. Die Großmutter hat es gesehen.

Polizist: Bist du sicher?

Kasper: Natürlich! Es hat unsere schönen Blumen aufgefressen,
            das Beet zerwühlt, und überall sind Fußspuren zu sehen.

Polizist: Dann los, wir folgen den Fußspuren. Dann werden wir es
            ja wohl finden.

Kasper: Moment! Wie wollen Sie es denn einfangen, wenn Sie es gefunden haben?

Polizist: Ach ja, daran habe ich gar nicht gedacht. Es ist bestimmt viel stärker als wir.

Kasper: Hmmm, wir müssen einen dicken Stein und einen langen Strick mitnehmen. Wenn wir das Krokodil sehen, warten wir, bis es das Maul aufreißt, klemmen den Stein dazwischen und wickeln das Seil fest darum. So kann es uns nicht mehr beißen, und wir können es wieder in den Zirkus bringen.

Polizist: Das ist eine gute Idee. Ich wusste doch, dass ich mich auf dich verlassen kann. Ich besorge schnell ein dickes Seil. Du kannst ja schon mal einen Stein suchen. Wir treffen uns dann bei den Spuren, ja?

Kasper: In Ordnung. Aber wenn das Krokodil gefangen ist, laden Sie mich zu einem leckeren Essen ein. Und die Großmutter auch, abgemacht?

Polizist: Abgemacht. Jetzt aber los! *(beide ab)*

3. Akt

(Hintergrund: Wohnung)

Großmutter: Wo der Kasper nur bleibt? Ich werde schon mal einen großen Topf Bratkartoffeln kochen. Er hatte ja solchen Hunger. *(Sie rührt in der Pfanne.)* Kartoffeln, Zwiebeln und Speck, so mag er sie gerne, der Junge. *(Sie summt leise vor sich hin.)*

Krokodil: *(Es schleicht sich an, plötzlich schnappt es den Topf und ist wieder verschwunden. Man hört es schmatzen.)* Chrrrr!

Großmutter: O weh, der große grüne Frosch! Er war wieder da! Da habe ich mich aber erschrocken, ich muss mich erst einmal setzen. Und die ganzen Bratkartoffeln hat er sich geschnappt. Da wird der Kasper aber schimpfen. Die schönen Kartoffeln. Und habt ihr gesehen Kinder, was der Frosch für große Zähne hatte? Richtig gefährlich sah er aus. Uhuuu, ich glaube, ich schließe lieber die Türe ab. Sonst kommt er womöglich noch einmal wieder. So! Auf den Schreck lege ich mich erst einmal ein Stündchen hin. Wenn man so alt ist wie ich, dann braucht man noch seine Ruhe. Besonders nach so einer Aufregung. *(ab)*

4. Akt

(Hintergrund: Wald)

Gretel: *(spielt mit einer Puppe und singt)*
Gretelein, komm tanz mit mir,
beide Hände reich ich dir.
Einmal hin, einmal her,
rundherum das ist nicht schwer.
Seht mal, Kinder. Ich habe eine neue Puppe.
Ist sie nicht süß?
Mit den Händchen klapp klapp klapp,
mit den Füßchen tapp tapp tapp,
einmal hin, einmal her,
rundherum das ist nicht schwer!
Meine liebe kleine Puppe. Wie soll ich dich denn nennen? Vielleicht Bettina? Oder Tausendschön? – Linda
wäre auch nicht schlecht, hmmmm.

Krokodil: (schleicht sich an, reißt Gretel die Puppe aus der Hand
und verschwindet damit) Chrps!

Gretel: Meine Puppe! Wer hat meine Puppe gestohlen? Es war
etwas großes Grünes. Habt ihr es auch gesehen, Kinder?
Das große Grüne hat meine Puppe mitgenommen. Meine
schöne neue Puppe! *(weint)* Uhuhuhuuuuu!

Kasper:	*(kommt auf die Bühne, den Kopf nah am Boden)* Hier sind Spuren, und hier sind Spuren. Es muss also hier gewesen sein. Gretel, warum weinst du denn? Hat dir jemand etwas getan?
Gretel:	Meine Mutter hat mir heute eine schöne neue Puppe geschenkt. Uhuhuuu, damit habe ich hier gespielt. Und dann kam plötzlich etwas Grünes und – chrps – weg war die Puppe. Uhuuuu, sie war soo schön!
Kasper:	Das war das Krokodil! Geh am besten schnell nach Hause, bis wir es eingefangen haben. Da bist du sicherer.
Gretel:	Was, ein Krokodil? Wo kommt das denn her?
Kasper:	Es ist aus dem Zirkus entlaufen. Der Polizist Zwiebelmeier und ich versuchen gerade es zu fangen.
Gretel:	Ach so. *(ab)*
Polizist:	*(kommt keuchend auf die Bühne)* Na, Kasper, hast du schon was gefunden?
Kasper:	Ja, das Krokodil war gerade hier und hat Gretels neue Puppe gefressen. Weit kann es nicht mehr sein. Den Stein habe ich griffbereit.
Polizist:	Und hier ist das Seil.
Krokodil:	*(guckt um die Ecke und kommt dann mit aufgerissenem Maul auf beide zu)*

Kasper:	Da ist es ja schon! Los! *(Sie stecken ihm den Stein ins Maul und binden das Seil fest darum, obwohl sich das Krokodil wehrt.)* Puh, das ist aber stark!
Polizist:	Na, jedenfalls wird Herr Bohnenstange sich freuen, wenn er seinen kleinen Liebling wiedersieht. Wir bringen ihn am besten gleich hin.
Kasper:	Klein ist gut. *(Sie ziehen das Krokodil unter Ächzen und Stöhnen von der Bühne.)*

5. Akt

(Hintergrund: Zirkus)

Direktor:	Ach, da kommt ja endlich mein kleines Engelchen. Ich habe schon so gewartet. Kroko, mein Süßes, komm zu Herrchen.
Kasper:	Von wegen Engelchen! Ihr Liebling hat Großmutters Blumen gefressen und Gretels Puppe gestohlen.
Direktor:	Hihi, ja, und deine Bratkartoffeln hat er auch stibitzt. Das hat mir die Großmutter eben beim Kaufmann erzählt.
Kasper:	Was? Meine Bratkartoffeln! Duuu! *(Er droht dem Krokodil.)*
Direktor:	Mein armer Liebling. *(streichelt das Krokodil)* Ich bin doch so froh, dass du wieder da bist. *(zu Kasper)* Du bekommst

von mir einen ganzen Sack Kartoffeln und neue Blumen, und die Gretel kann sich eine neue Puppe kaufen. Außerdem bekommt ihr alle Eintrittskarten für den Zirkus geschenkt.

Kasper: Au fein, wir dürfen ohne Geld in den Zirkus. Ist das nicht prima?

Polizist: Ja, ich wollte schon immer mal mit meiner Frau in den Zirkus. Und die Gretel wird auch froh sein, wenn sie eine neue Puppe bekommt.

Kasper: Und jetzt hole ich die Großmutter, und dann gehen wir lecker essen, wie versprochen, ja?

Polizist: Ach ja. Das hätte ich beinahe vergessen. Also gut. Dann komm. Du hast mir ja schließlich auch geholfen.

Kasper: Jaha, so etwas vergesse ich nicht. Ich hole nur schnell die Großmutter. Wir können uns ja auf dem Marktplatz treffen. Auf Wiedersehen Kinder, bis zum nächsten Mal!

Polizist: Auf Wiedersehen! *(Beide gehen in eine andere Richtung ab.)*

Kasper und Seppel auf dem Mond

Puppenspiel in 4 Akten

◆ *Es spielen mit:*
Kasper
Seppel
Mondungeheuer
◆ *Requisiten:*
2. und 3. Akt:
Knallteufel oder zwei
Topfdeckel oder Zimbeln,
Seifenblasen

◆ *Hintergrundbilder:*
1. Akt:
Stadt
2. Akt:
Abendhimmel mit Mond
3. Akt:
Mondlandschaft
4. Akt:
Stadt

Spielhinweise

Es ist günstig, dieses Stück mit zwei Puppenspielern aufzuführen. Dabei übernimmt ein Spieler den Kasper, ein anderer den Seppel und einer von beiden das Mondungeheuer. Der Spieler, der nur eine Puppe spielt, macht im 2. und 3. Akt die Geräusche und bläst Seifenblasen auf die Bühne. Steht noch eine dritte Person zur Verfügung, könnte auch diese die Seifenblasen und Geräusche übernehmen. Außerdem könnte sie die Beleuchtung von Tag auf Nacht verändern, falls diese Möglichkeit gegeben ist. Das sähe dann folgendermaßen aus:

1. Akt: Tag – hell erleuchtete Bühne
2. Akt: Abend – wenig Licht – Mond angestrahlt
3. Akt: Mond – farbiges Licht – blau oder gelb
4. Akt: Nacht – möglichst wenig Licht

Zum Spiel selbst ist zu sagen, dass Kasper und Seppel sich im 1. Akt überwiegend streiten. Das muss am Tonfall der Puppen deutlich werden. Wenn es um die Wünsche geht, reden beide Figuren durcheinander und können sich nicht einigen. Der Transport der Puppen auf den Mond und wieder zurück kann auf der Bühne so dargestellt werden, dass zuerst laute Geräusche ertönen. Man kann dazu Orffsche Instrumente benutzen, aber auch zwei Topfdeckel gegeneinander schlagen oder Knallteufel zerplatzen lassen. Daraufhin bläst man Seifenblasen auf die Bühne und die Puppen werden in die Luft geschleudert. Der Vorhang fällt. Zum Mondungeheuer, das im 3. Akt auftritt, kann man eine Tierpuppe umfunktionieren. Das Krokodil könnte ein anderes Kleid erhalten. Dazu bastelt man aus Staniolpapier Zacken, die auf seinem Rücken befestigt werden, und verziert den Kopf mit vielen Streifen aus Luftschlangen oder Aluminiumfolie. Dies raschelt wirkungsvoll, wenn die Figur den Kopf bewegt. Das Ungeheuer sollte sich langsam und schwerfällig bewegen, oft mit dem Kopf wackeln und mit monotoner Stimme tief und langsam sprechen.

1. Akt
(Hintergrund: Stadt)

Kasper: Guten Tag, Kinder! Habt ihr schon auf mich gewartet? Ich bin gerade erst aufgewacht. Uah, ich bin noch ganz verschlafen. *(Er reibt sich die Augen.)*
Irgendwie habe ich was Komisches geträumt.

Seppel: *(kommt von der anderen Seite)* Guten Morgen, Kasper! Guten Morgen, Kinder! Du, ich habe vielleicht einen seltsamen Traum gehabt!

Kasper: Was? Du auch? Ich wollte den Kindern gerade meinen Traum erzählen.

Seppel: Wieso deinen Traum? – Meinen Traum!

Kasper: Nein, ich habe doch auch was geträumt. Also, mir war, als ob eine Fee zu mir herabsteigen würde. Die sagte ...

Seppel: Das ist gemein! Ich kann meinen Traum selber erzählen. Die Fee hatte ein langes weißes Kleid an, mit goldenen Sternchen, und ...

Kasper:	Woher weißt du das? Das war doch mein Traum!
Seppel:	Nein, meiner!
Kasper:	Kinder, sagt ihr doch mal was! Wer soll zuerst erzählen!
Seppel:	Ich, ich!
Kasper:	*(geht auf die Kinder ein und sagt dann)* Was meint ihr? Abwechselnd! – Also gut. Die Fee sagte zu mir: Kasper, höre mir gut zu ...
Seppel:	Nein, sie sagte: Seppel, höre mir gut zu!
Kasper:	Pssst! Einen Tag lang sollen alle deine Wünsche in Erfüllung gehen.
Seppel und Kasper gemeinsam:	– aber nur, wenn sich im gleichen Augenblick ein anderer das Gleiche wünscht!
Zueinander:	Woher weißt du das?
Kasper:	Sag bloß, du hast das Gleiche geträumt wie ich?
Seppel:	Oder du dasselbe wie ich ...
Kasper:	Kinder, ist das nicht seltsam? Vielleicht war es gar kein Traum?
Seppel:	Du meinst? ...

Kasper: Kinder, sollen wir mal ausprobieren, ob es stimmt, was die Fee gesagt hat? – Na gut! Pass auf: Seppel, ich zähle bis drei, dann geht's los! Eins – zwei – drei.

Kasper: *(gleichzeitig mit Seppel)*
            Ich wünsche mir einen großen Cowboyhut!

Seppel: Ich wünsche mir einen Riesenberg Schlagsahne!
            (Sie warten ab, nichts passiert.)

Kasper: Das war doch nicht richtig, Seppel, du musst dir das Gleiche wünschen wie ich!

Seppel: Nein, du musst dasselbe sagen wie ich!

Kasper: Am besten lassen wir die Kinder bis drei zählen. Ja, Kinder, macht ihr das? – Gut, also:

Kinder: Eins – zwei – drei.

Seppel: *(gleichzeitig mit Kasper)* Ich wünsche mir einen Cowboyhut!

Kasper: Ich wünsche mir einen Berg Schlagsahne! – Nein, das war schon wieder falsch! Seppel, am besten hörst du einmal zu, was ich mir wünsche, und sagst es mir dann nach.

Seppel: Nein, immer ich! Du kannst mir ja auch nachsprechen.

Kasper: Na gut, also fang an.

Seppel: Hm, ich wünsche mir einen Garten voller Süßigkeiten!

Kasper: O ja, das ist toll! Ich wünsche mir auch einen Garten voller Süßigkeiten! *(Nichts passiert.)*

Seppel: Was haben wir denn jetzt schon wieder falsch gemacht?

Kasper: Vielleicht wissen es die Kinder? – Ach ja, wir müssen den Wunsch ja gleichzeitig aussprechen.

Seppel: Oh, mir knurrt schon der Magen. Ich habe noch gar nicht gefrühstückt.

Kasper: Gut, dann wünschen wir uns jetzt gleichzeitig unser Frühstück. Kinder, zählt ihr bis drei?

Kinder: Eins – zwei – drei.

Kasper: *(gleichzeitig mit Seppel)* Ich wünsche mir ein Marmeladenbrötchen!

Seppel: Ich wünsche mir einen Teller Müsli!

Kasper: O nein, es hat schon wieder nicht geklappt. Ich glaube, wir gehen besser bei der Großmutter frühstücken! Dabei können wir es ja noch einmal probieren. Bis gleich, Kinder!

Seppel: Hoffentlich kriege ich da was Vernünftiges zu essen! *(Beide gehen ab.)*

2. Akt

(Hintergrund: Abendhimmel mit Mond)

Kasper: So, Kinder, da sind wir wieder. Mit der Fee, das war wohl doch nur ein Traum. Wir haben immer wieder probiert, uns etwas zu wünschen, aber es hat nie geklappt.

Seppel: Ja, wir haben uns ganz schön reinlegen lassen. Träume sind eben nur Schäume.

Kasper: Sieh mal, Seppel, heute ist Vollmond! *(Er zeigt auf den Mond im Hintergrundbild.)* Wie geheimnisvoll er aussieht.

Seppel: Ich möchte zu gerne einmal wissen, wie es dort oben aussieht.

Kasper: Vielleicht können wir mal mit einer Rakete hinfliegen.

Seppel: Ob es einen Mann im Mond gibt? Kinder, wart ihr schon einmal dort oben?

Kasper und Seppel gemeinsam: *(seufzen)* Ach, wär' ich doch einmal auf dem Mond! *(Es knallt und rumpelt, Seifenblasen fliegen auf die Bühne. Kasper und Seppel fliegen durch die Luft, es wird dunkel, der Vorhang fällt.)*

3. Akt

(Hintergrund: Mond)
(Kasper und Seppel liegen auf dem Boden)

Kasper: *(bewegt sich und richtet sich auf)* Was war das? Was ist passiert?

Seppel: *(richtet sich auf und reibt sich die Augen)* Was ist los? In meinem Kopf dreht sich alles!

Kasper: *(springt auf)* Seppel, guck! Wo sind wir?

Seppel: *(schaut sich um)* Du liebe Zeit! *(Sie gehen zögernd einige Schritte hin und her und gucken sich dabei um.)*

Kasper: *(flüstert)* Du, Seppel, ich glaube, wir sind auf dem Mond.

Seppel: Was? Meinst du? – Aber dann – dann ... Die Fee!

Kasper: Dann haben wir doch nicht geträumt! Wir haben uns beide gewünscht, auf dem Mond zu sein. Da sind wir!

Seppel: *(setzt sich hin und fängt an zu weinen)*
Huhuuu, ich will zu meiner Großmutter!

Kasper: Aber Seppel, du wolltest doch selber hierher! *(Er streichelt Seppels Kopf.)* Wir kommen schon irgendwie wieder zurück. Komm, wo wir nun schon mal hier sind, wollen wir uns auch umschauen. Vielleicht finden wir den Mann im Mond.

Seppel:	Meinst du? (*Man hört etwas laut schnaufen, rascheln und keuchen.*) Was ist das?
Kasper:	Hört sich an wie ein Mondungeheuer! Mist, hier kann man sich nirgendwo verstecken. Los, leg dich platt auf die Erde! Vielleicht sieht es uns dann nicht. (*Beide legen sich hin.*)
Untier:	(*kommt langsam, schnaufend und kopfwackelnd auf die Bühne*) Wonach riecht es hier? So etwas habe ich ja noch nie gerochen? (*Es schnüffelt am Boden entlang und findet Kasper und Seppel.*)
Kasper:	Hilfe, Hilfe!
Seppel:	Ich sterbe! Ich bin schon tot!
Kasper:	(*setzt sich auf*)
Untier:	(*erschreckt, läuft in eine Ecke und drückt sich hinein*)
Kasper:	Seppel, guck mal! Ich glaube, das Mondungeheuer hat Angst vor uns.
Seppel:	Ich lebe ja noch, komisch. (*Er steht auf.*)
Kasper:	Komm mit! (*Er geht zögernd auf das Ungeheuer zu.*)
Seppel:	Nein, nein, nein!

Untier:	Halt, tu mir nichts! Wer bist du? Bist du am Ende der Mann im Mond?
Kasper:	Nein. *(Er lacht.)* Sei unbesorgt, der bin ich nicht. Ich heiße Kasper. Und das da hinten ist der Seppel! *(Er zeigt auf ihn.)*
Seppel:	Nein, nein, ich bin gar nicht da!
Kasper:	Und wer bist du?
Untier:	Ich weiß nicht. Ich lebe hier, solange ich mich erinnern kann, und habe niemanden mehr. Am Anfang waren wir noch eine ganze Familie, aber dann wurde das Futter immer knapper, und jetzt gibt es gar keine Mondrosen mehr. Alle anderen sind schon gestorben, und bei mir dauert es sicher auch nicht mehr lange.
Kasper:	Oh, du armes Mondtier. Lebt denn sonst niemand hier hier?
Untier:	*(schüttelt den Kopf)*
Kasper:	Wenn ich nur wüsste, wie wir hier wieder wegkommen. Dann könntest du ja mit uns auf der Erde leben. Da gibt es zwar keine Mondrosen, aber du würdest sicher etwas anderes finden, das dir schmeckt.
Untier:	Was ist denn die Erde?

175

Kasper: Seppel, hast du das gehört? Es kennt die Erde nicht. Die Erde ist unsere Heimat. Da ist es viel bunter und aufregender als hier. Du würdest sicher staunen.

Seppel: So langweilig habe ich mir den Mond auch nicht vorgestellt. Von der Erde aus sieht er viel schöner aus.

Kasper: Gut, dass wir hier nicht leben müssen.

Seppel: Huhuhuu, aber vielleicht müssen wir jetzt hier verhungern.

Kasper: Ach was! Wir müssten doch genau so wieder auf die Erde kommen, wie wir auf den Mond gekommen sind.

Seppel: Meinst du mit Wünschen?

Kasper: Genau! Aber unser neuer Freund muss auch mit. Weißt du, wie wir ihn nennen? – Mondi!

Seppel: Mondungeheuer würde besser passen.

Kasper: Seppel, merkst du denn nicht, dass er ganz harmlos ist? Für sein Aussehen kann er doch auch nichts.

Seppel: Hm, hm.

Kasper: Also, Mondi, wir zählen jetzt zusammen bis drei, und dann wünschen wir uns alle zusammen auf die Erde. Verstanden?

Untier:	Hm.
Alle:	Eins – zwei – drei. Wir wünschen uns auf die Erde zurück! *(Es gibt wieder einen Knall, Getöse und Seifenblasen. Alle werden durch die Luft geschleudert, es wird dunkel, der Vorhang geht zu.)*

4. Akt
(Hintergrund: Abendhimmel)
(Die Figuren auf der Erde stehen auf.)

Untier:	Oh, was ist das alles?
Seppel:	Juchhu, wir sind wieder zu Hause!
Kasper:	Es hat geklappt! Warte, Mondi, ich zeige dir alles. Aber zuerst müssen wir einen Schlafplatz für dich suchen. Guck, es ist schon Nacht auf der Erde, und dann schlafen die Menschen.
Untier:	Nacht? Schlafen? Was ist das?
Seppel:	Du, Kasper, wenn das Wünschen jetzt klappt, dann können wir uns doch noch mehr wünschen. *(Man hört zwölf Schläge mit Topfdeckeln oder Zimbeln.)*
Kasper:	Hör mal die Uhr!
Seppel:	*(zählt mit)* neun, zehn, elf, zwölf! Ui, schon Mitternacht.

| Kasper: | Genau. Erinnerst du dich nicht an unseren Traum? Einen Tag lang hat die Fee gesagt – und der ist jetzt um! |

Kasper: Genau. Erinnerst du dich nicht an unseren Traum? Einen Tag lang hat die Fee gesagt – und der ist jetzt um!

Seppel: Oh, schade, ich hätte noch so viele Wünsche.

Kasper: Komm, Seppel, beschwere dich nicht. Wir hatten doch ein tolles Abenteuer. Nicht wahr, Kinder? Und einen neuen Freund haben wir auch gefunden. *(Er streichelt das Untier.)*

Seppel: Na ja, eigentlich hast du Recht. Was meinst du, was die anderen Kinder Augen machen, wenn sie morgen Mondi sehen!

Kasper: Hoffentlich erschrickt die Großmutter nicht. Komm, Mondi, du kannst bei uns im Garten bleiben. Vielleicht schmeckt dir unser Gras?

Seppel: Uah, bin ich müde. Mir fallen schon die Augen zu.

Kasper: Ich freue mich auch schon auf mein Bett. Tschüs, Kinder, bis zum nächsten Mal.

Seppel: Tschüs! *(Beide gehen gähnend mit dem Untier ab.)*

Bims, der Bär

Puppenspiel in 4 Akten

◆ *Es spielen mit:*
Kasper
Gretel
Bims, der Bär
Fee
Bärenkönig
Babsi, die Bärenfrau

◆ *Hintergrundbilder:*
Wald
Schloss
◆ *Requisiten:*
3. Akt:
Ast, rote Blume

Spielhinweise

Die Puppen, die in diesem Stück mitwirken, sind etwas außergewöhnlich. Kasper und Gretel gehören zu den üblichen Mitspielenden. Außerdem treten aber auch noch auf: 1 Fee und 3 Bären.

Die Bären stellt man am besten ganz neu her (siehe „Verschiedene Methoden zur Puppenherstellung"). Die Art der Herstellung wird passend zu den schon vorhandenen Puppen ausgewählt. Wer möchte, kann die Puppen anziehen. Das wäre sogar zweckmäßig, weil dadurch die einzelnen Bärenfiguren besser auseinander gehalten werden können. Die Bekleidungsstücke können aus lustig gemusterten Stoffen genäht werden, z. B. Hose und Hosenträger für Bims, Röckchen und Halstuch für Babsi, Umhang, der am Hals zugezogen wird, für den Bärenkönig. Außerdem erhält der König noch eine Krone aus Goldfolie, die mit einem dünnen Gummiband am Kopf befestigt wird.

Die Fee kann aus einer anderen weiblichen Figur entstehen. Gut dazu geeignet ist zum Beispiel die Prinzessin. Man nimmt ihr die Krone ab oder verdeckt sie mit dem Oberteil eines Schleiers. Dann wird die Frisur verändert. Man kann beispielsweise die Haare teilweise flechten und die Zöpfchen um den Kopf legen. Der Schleier aus dünnem Stoff (am besten aus Gardinenresten) kann auch vor das Gesicht gezogen werden. Dann muss die Kleidung nicht weiter verändert werden.

Dieses Stück eignet sich für 2 Spieler, da meistens 3 Puppen auf der Bühne sind. 3 Spieler sind nicht notwendig, da keine zusätzlichen Schwierigkeiten auftreten.

Die Puppenaufteilung ist so am günstigsten:

1. Spieler – Kasper, Bims;
2. Spieler – Gretel, Fee, Bärenkönig, Babsi.

Requisiten braucht man kaum. Im 3. Akt benötigt Kasper die Feenblume. Diese kann man gut aus dünner, farbiger Pappe anfertigen. Die Blütenblätter sind rot und sternförmig um den Mittelpunkt angeordnet.

Die Kieselsteine werden nicht gezeigt, da sie sich ja in „Kaspers Tasche" befinden.

Man sieht zu Beginn der Szene einen gebogenen Ast, der nur ein wenig über den Bühnenrand hinausragt. Hier bleibt es jedem selbst überlassen, ob ein richtiger Ast mit Kordel so aufgehängt wird, dass er die entsprechende Lage erhält, oder ob dieser Ast aus Pappe ausgeschnitten, angemalt und mit Klebeband unterhalb des Bühnenrandes befestigt wird. Dieser Ast bleibt während des ganzen 3. Aktes an seiner Stelle – auch im Hintergrundbild: Schloss –, da er am Schluss noch gebraucht wird.

Als Hintergrundbilder benötigt man im 1., 2. und 4. Akt einen Wald. Dabei wird im 1. Akt zuerst vor geschlossenem Vorhang gespielt. Der Wald ist erst zu sehen, wenn der Vorhang sich öffnet.

Auch im 3. Akt wird anfangs vor geschlossenem Vorhang gespielt, nur der Ast ist zu sehen. Wenn sich der Vorhang öffnet, sieht man das Innere eines Schlosses.

Ob man passend zum Hintergrund noch einige Dinge im Vordergrund anbringt (z. B. Bäume oder Möbel), bleibt jedem selbst überlassen. Wichtig für den Spielablauf sind sie jedoch nicht.

1. Akt

(Anfangs wird vor geschlossenem Vorhang gespielt, späterer Hintergrund: Wald)

Gretel: Guten Tag, Kinder! Habt ihr den Kasper vielleicht irgendwo gesehen? Nein? – Ich auch nicht. Wir waren zum Spielen verabredet. Ach, vielleicht hat er sich irgendwo versteckt. Kasper, wo bist du? *(guckt sich um)*

Kasper: *(guckt kurz um die Ecke)* Kuckuck, hier bin ich! *(Gretel läuft auf ihn zu. Kasper guckt um die andere Ecke, Gretel läuft dorthin – das wiederholt sich einige Male.)*

Gretel: Ach Kasper, hör doch auf! Komm heraus!

Kasper: Na gut. Guten Tag, Kinder! – Warum sitzt ihr eigentlich alle so ruhig auf euren Stühlen? Worauf wartet ihr? Was, ihr wollt mir zusehen?? – Ach, heute habe ich gar keine Lust, euch etwas vorzuspielen. Ich habe mich doch mit der Gretel zum Spielen verabredet.

Gretel: Du kannst ja versuchen, mich zu fangen. *(Sie läuft weg. Kasper hinterher, beide ab.)* *(Hintergrund: Wald)*

Kasper: *(taucht wieder auf)* Nanu, wo ist sie? Gretel, Gretel! Ich glaube, jetzt hat sie sich versteckt. Na, dann muss ich sie eben suchen. Huhuuuuuu *(Er guckt sich überall um.)*

Hier ist sie nicht, und hier ist sie nicht ... ach, da vorne kommt sie ja! *(Gretel kommt von der anderen Seite und zieht einen Bären mit sich.)* Wen bringt sie denn noch mit? – Aber das ist ja ein Bär! Gretel, Vorsicht! Das ist ein Bär!

Gretel: Ja, Kasper, ich weiß! Ein armer verlassener Bär! – Ich wollte mich in einer Höhle vor dir verstecken und da habe ich ihn gefunden. Er war so traurig, da habe ich ihn gleich mitgebracht. Vielleicht weißt du, wie man ihm helfen kann. *(zum Bär)* Erzähle dem Kasper doch mal deine Geschichte!

Bär: *(leise und langsam)* Ich lebe nun schon 25 Jahre ganz allein hier im Wald in meiner Bärenhöhle. So lange ich mich zurückerinnern kann, war noch nie ein anderer Bär hier, mit dem ich spielen oder reden konnte. Ich bin schrecklich einsam, huhuhuuu. *(weint)* Die anderen Tiere mögen nicht mit mir spielen. Die kleinen Hasen, Mäuse und Eichhörnchen haben Angst vor mir. Die Rehe spielen mit den anderen Rehen, die Wildschweine mit den anderen Wildschweinen und die Wölfe mit den anderen Wölfen, hu huhuhuu. Nur ich bin immer alleine. Ich möchte auch gerne einmal kleine Bärenkinder haben, aber ich finde ja keine Frau.

Kasper: Du armer Bär! *(streichelt ihn)* Das ist aber wirklich traurig. Aber du hast Recht. Ich habe hier im Wald auch noch nie einen Bären gesehen. Dich auch nicht. Ich wusste gar nicht, dass es hier überhaupt einen Bären gibt.

Bär: Ich sitze ja auch den ganzen Tag in meiner Höhle und bin traurig.

183

Kasper:	Das muss anders werden. Weißt du was? Du kannst ja solange bei der Gretel bleiben. Wir wollten sowieso Verstecken und Nachlaufen spielen. In der Zeit mache ich mich auf den Weg und suche eine Bärenfrau für dich, ja?
Bär:	Das ist riesig nett von dir, Kasper. Aber du kannst gleich hier bleiben. Es gibt doch keine anderen Bären hier.
Kasper:	Man darf nie aufgeben. Vielleicht habe ich Glück. Tschüs! *(ab)*
Gretel:	Huhuh, Bär, suche mich! *(ab)*
Bär:	Moment, ich habe mich ja noch gar nicht vorgestellt. Ich heiße Bims. Gretel, huhu, hast du gehört? Ich bin Bims, der Bär! – Ich komme! *(ab)*

2. Akt

(Hintergrund: Wald)

Kasper:	Ich bin jetzt schon fast durch den ganzen Wald gelaufen, aber ich glaube, Bims hat recht gehabt. Überall habe ich gesucht, aber keinen Bären gefunden. *(Die Fee taucht auf.)* Oh, schöne Frau, wo kommst du denn her?
Fee:	Ich bin die Fee Susanni. Bist du nicht der Kasper?
Kasper:	Doch. Ich bin der Kasper. Woher weißt du das?

Fee:	Ich kenne dich, und gerade habe ich gesehen, wie du versucht hast, einen Bären zu finden. Ich will dir helfen.
Kasper:	Was, du willst mir helfen? Kennst du Bims denn?
Fee:	Ja, ich kenne ihn. Deswegen will ich dir helfen.
Kasper:	Was muss ich tun?
Fee:	Zuerst musst du die Feenblume suchen und pflücken. Das ist eine kleine, sternförmige rote Blume, die unter Moos und Gras verborgen wächst. Dann musst du am Fluss ein paar Kieselsteine sammeln und in deine Taschen stecken. Mit der Blume und den Steinen musst du dich auf einen Ast setzen, dreimal pusten und die Augen schließen.
Kasper:	Und dann?
Fee:	Dann lass dich mal überraschen!
Kasper:	Das ist ja ganz schön kompliziert. Also: zuerst die Blume pflücken, dann die Steine holen, dann auf einen Ast setzen und dreimal pusten. So? Pfff, pfff, pfff!
Fee:	Ja, und nicht vergessen: die Augen schließen!
Kasper:	Da bin ich aber mal gespannt, was dann passiert. Also: *(Er geht langsam ab, man hört nach einer Weile nur noch seine Stimme, die immer leiser wird.)* Eine rote Blume unter Gras und Moos, Steine aus dem Fluss, einen Ast suchen und pusten, die Augen dabei ...

3. Akt

(Anfangs wird vor geschlossenem Vorhang gespielt, späterer Hintergrund: Schloss)

Kasper: Hoffentlich habe ich nichts vergessen. Hier habe ich die Feenblume! *(zeigt sie, zeigt dann auf die Tasche)* Steine habe ich auch, und jetzt setze ich mich auf einen Ast. So, was sollte ich jetzt noch einmal machen? Kinder wisst ihr es noch? Ach ja, natürlich! Dreimal pusten. Gut, dass ihr aufgepasst habt. Pfff, pfff, pfff! Dabei die Augen schließen. *(Hintergrund: Schloss)* So, jetzt kann ich die Augen wohl wieder aufmachen. Oh, wo bin ich? Was ist das? Ich sitze ja in einem Schloss! Das hat bestimmt die Fee gezaubert. – Aber warum bloß? Ich denke, sie wollte Bims helfen. *(Der Bärenkönig kommt.)*

Bärenkönig: Hat mich jemand gerufen? Brumm, brumm.

Kasper: Das ist ja ein Bär! *(läuft auf ihn zu)* Guten Tag. Endlich habe ich einen Bären gefunden. Die Fee ist die Beste! Aber sag mir lieber Bär, wo bin ich hier?

Bärenkönig: Hast du eben von der Fee Susanni gesprochen?

Kasper: Ja, warum? Kennst du sie?

Bärenkönig: Brumm, brumm, sie ist unsere beste Freundin. Wenn sie dich schickt, bist auch du unser Freund.

Kasper: Natürlich bin ich euer Freund. Aber sag' mir doch, wo ich hier bin!

Bärenkönig: Du bist hier im Reich der Bären. Hier ist das Schloss, brumm, und ich bin der Bärenkönig!

Kasper: Das ist ja prima! Weißt du, oben auf der Erde, bei uns im Wald wohnt nämlich ein Bär, der Bims heißt. Der ist immer ganz traurig, weil er so alleine ist. Im ganzen Wald gibt es keinen anderen Bären, mit dem er spielen könnte, und heiraten kann er auch nicht. Kannst du mir nicht eine Bärenfrau mitgeben?

Bärenkönig: Brumm, – brumm brumm, hmmm – ich habe eine Tochter – die wollte schon immer gerne auf die Erde. – Sie würde sich bestimmt freuen, wenn ich es ihr erlauben würde. Zu Besuch kann sie ja immer noch kommen.

Kasper: Wie herrlich! Dann hole sie am besten gleich. Bims wartet nämlich auf mich. Der wird sich vielleicht freuen! – Wenn ich nur an sein Gesicht denke ...

Bärenkönig: *(ruft)* Babsi, komm doch mal her! Wenn du willst, darfst du mit auf die Erde gehen. Dort wartet ein Bärenmann auf dich. *(Sie kommt.)*
So Kasper, das ist Babsi, meine Tochter.

Babsi: Willst du mich wirklich mit auf die Erde nehmen?

Kasper:	Und ob ich will! Komm mit, ich erklär' dir alles.
Babsi:	Wie sieht denn der Bärenmann aus? Ist er hübsch?
Kasper:	Du kannst ihn dir ja gleich selber ansehen. – Wir setzen uns am besten wieder hier auf den Ast. So! Die Blume und die Steine habe ich ja auch noch. Auf Wiedersehen, Herr König, und besten Dank!
Bärenkönig:	Auf Wiedersehen ihr beiden.
Babsi:	Tschüs Papa, bis bald!
Kasper:	Jetzt müssen wir beide dreimal pusten und dabei die Augen schließen. Pfff, pfff, pfff!

4. Akt

(Hintergrund: Wald)

Gretel:	Wo der Kasper nur so lange bleibt? Ich möchte nach Hause. Es wird schon langsam dunkel.
Bims:	Hoffentlich ist ihm nichts passiert. – Oh, guck mal! Ich glaube, da hinten kommt er.
Gretel:	Ja, du hast Recht! Kasper, gut, dass du wieder da bist.
Bims:	Ich werd verrückt! Eine Bärenfrau! Eine richtige Bärenfrau! Und so eine süße!

(Er läuft auf sie zu.)
Seht mal, die schöne Stubsnase und die Stummelöhrchen. Ach, ist die niedlich! – mit ihren großen schwarzen Kulleraugen. Wie heißt du denn?

Babsi: *(dreht sich hin und her)* Ich heiße Babsi, bist du Bims?

Bims: Ja, ja, komm – ich zeige dir gleich unsere Höhle. Du kannst bei mir wohnen, und später werden wir heiraten und ganz viele kleine Bärenkinder haben. Ich kann es noch gar nicht fassen! Vielen Dank Kasper! Ich bin ja sooo glücklich!

Babsi: Auf Wiedersehen Kasper! Dieser Bims sieht noch besser aus, als ich ihn mir vorgestellt habe. Ich glaube, ich werde ihn wirklich heiraten.

Kasper: Auf Wiedersehen Babsi, auf Wiedersehen Bims, ich komme euch bald mal besuchen!

Gretel: Ach, die hören dich schon nicht mehr. Siehst du nicht, sie sind schon auf dem Weg zur Bärenhöhle. Aber jetzt erzähle erst einmal! Wie hast du es nur angestellt, eine Bärenfrau zu finden?

Kasper: *(Während er spricht, gehen beide ab, der Vorhang schließt sich, und die Stimmen werden immer leiser.)* Das erzähle ich dir auf dem Heimweg. Also: Zuerst habe ich gesucht und nichts gefunden. Da stand auf einmal eine Fee vor mir. Sie sagte: Du musst eine rote Blume suchen und Steine sammeln ...

Im FALKEN Verlag sind zahlreiche Titel zum Thema Kinderbeschäftigung erschienen. Bitte fragen Sie überall dort, wo es Bücher gibt.

Bei diesem Buch handelt es sich um eine Zusammenfassung der Bände „Der Kasperle ist wieder da" (60397) und „Kasperletheater" (60094)

Sie finden uns im Internet: **www.falken.de**

Dieses Buch wurde auf chlorfrei gebleichtem und säurefreiem Papier gedruckt.

Der Text dieses Buches entspricht den Regeln der neuen deutschen Rechtschreibung.

ISBN 3 8068 5507 2

© 2002 by FALKEN Verlag in der Verlagsgruppe FALKEN/Mosaik, einem Unternehmen der Verlagsgruppe Random House GmbH, 65527 Niedernhausen/Ts.

Umschlaggestaltung: Design Team München/WSP-Design, Heidelberg
Redaktion: Sylvia Winnewisser, Wiesbaden
Koordination: Uta Koßmagk
Zeichnungen: Gabi Grübl, Ursula Lietz: Seiten 7, 9, 11–18, 20–23, 25, 27, 30, 133;
Fay Grambart: Seiten 52–61, 87–95, 121–129, 143–152, 166–178;
Katja Rosenberg: Seiten 31–41, 62–72, 73–86, 96–108, 153–165;
Petra Schwarzmann: Seiten 42–51, 109–120, 130–142, 179–189

Satz: Pagetype, Frankfurt
Druck: GGP Media, Pößneck

817 2635 4453 6271

Mit Kindern spielen und malen!

Die schönsten Spiele für Kleinkinder
144 Seiten, kartoniert
ISBN 3-8068-**5510**-2

Punkt, Punkt, Komma, Strich
144 Seiten, kartoniert
ISBN 3-8068-**5508**-0

Kreative Spielideen für Kinder von 2 bis
6 Jahren: Fangspiele, Konzentrations-
spiele, Rollenspiele und mehr. Eine Fundgrube für Eltern und Erzieher.

Die erfolgreiche Zeichen-Schule für
Kinder: Einfache, klare Grundzeichnungen
nach Schwierigkeitsgrad geordnet.

Ursula Barff, Ingeborg Burkhard,
Jutta Maier
Das neue Bastelbuch für Kinder
ab 4 Jahren, 208 Seiten, gebunden
ISBN 3-8068-7680-0

Die Fundgrube für Eltern und Erzieher:
100 originelle Bastelideen, die Kinder mit
Begeisterung aufgreifen werden. Für alle
wichtigen Anlässe finden Sie zahlreiche
Vorschläge, die Schritt für Schritt erklärt
werden.

Günther Kälberer
Komm, bau mit mir!
112 Seiten, gebunden
ISBN 3-8068-7407-7

50 tolle Ideen zum Bauen und Basteln mit
Kindern ab 8 Jahren, wie z.B. eine
Hängebrücke aus Ästen, ein ganzes Fort
aus Streichhölzern oder einen Zoo aus
Flaschenkorken. Die Anleitungen zum
Nachbauen werden Schritt für Schritt
erklärt. Die erfolgreiche Fertigstellung ist
somit garantiert.

Susanne Schaadt
100 tolle Spiele,
die Kinder ganzheitlich fördern
100 Seiten
ISBN 3-635-60622-7

Mit diesen Spielen können die Eltern die
Wahrnehmung, Motorik, Sprache, Fantasie,
Konzentration und nicht zuletzt das
Gedächtnis ihrer Kleinkinder schulen. So
werden Kreativität und Intelligenz ange-
regt und weiterentwickelt.

Christiane Schmitz-Strempel,
Günter Strempel u.a.
Das neue FALKEN Kinderlexikon
Stichwörter passend zu allen Lehrplänen
vom 1. bis zum 4. Schuljahr
272 Seiten, gebunden
ISBN 3-8068-7583-9

Das Nachschlagewerk für Grundschüler. Es
antwortet zuverlässig auf Fragen aus allen
Lerngebieten. Der erste Teil bietet zahlreiche Schaubilder für die ABC-Schützen.
Der zweite Teil wendet sich an die 8- bis
11-jährigen mit einem Lexikon von A bis Z.
Über 800 Stichwörter und mehr als 450
detailgenaue Zeichnungen.

Sigrid und Harald Theilig
Komm, koch und back mit mir
112 Seiten, gebunden
ISBN 3-8068-4285-X

Zu kochen und zu backen macht Kindern
großen Spaß – besonders, wenn es sich
um das eigene Lieblingsgericht handelt. In
diesem liebevoll illustrierten Koch- und
Backbuch finden Sie viele ausgewählte
Rezepte und eine spezielle Küchenkunde
für die Kleinen.

Sabine Seyffert, Ines Rarisch
Komm, spiel mit mir!
80 Seiten, gebunden
ISBN 3-8068-7611-8

Dieses Buch steckt voller Ideen für tolle
Spiele und Unternehmungen – in allen
Jahreszeiten, bei jedem Wetter, an jedem
Ort. Für Kinder ab 3 Jahre.

FALKEN

www.falken.de